ON
EDUCATION

教育与文明

外国名家谈教育

俄罗斯教育家
康斯坦丁·乌申斯基
谈人的全面教育

［俄罗斯］康斯坦丁·乌申斯基 —— 著

韩春华 —— 译

辽宁人民出版社

图书在版编目（CIP）数据

教育与文明：俄罗斯教育家康斯坦丁·乌申斯基谈人的全面教育 /（俄罗斯）康斯坦丁·乌申斯基著；韩春华译. —沈阳：辽宁人民出版社，2025.1

（外国名家谈教育）

ISBN 978-7-205-10835-9

Ⅰ.①教… Ⅱ.①康… ②韩… Ⅲ.①乌申斯基（Ushinsky, K. D. 1823–1870）—教育思想 Ⅳ.①G40–095.12

中国国家版本馆 CIP 数据核字（2023）第 156861 号

策划人：孔宁

出版发行：辽宁人民出版社

地址：沈阳市和平区十一纬路 25 号　邮编：110003

电话：024-23284321（邮　购）　024-23284324（发行部）

传真：024-23284191（发行部）　024-23284304（办公室）

http://www.lnpph.com.cn

印　　刷：辽宁新华印务有限公司

幅面尺寸：145mm × 210mm

印　　张：5.75

字　　数：140千字

出版时间：2025 年 1 月第 1 版

印刷时间：2025 年 1 月第 1 次印刷

责任编辑：阎伟萍　孙　雯

装帧设计：留白文化

责任校对：吴艳杰

书　　号：ISBN 978-7-205-10835-9

定　　价：58.00元

导　言

康斯坦丁·德米特里耶维
奇·乌申斯基（Konstantin Dmi-
trievich Ushinsky，1823 年 2 月 19
日—1871 年 1 月 3 日），俄国著
名的民主主义教育家，是俄罗
斯国民学校和教育科学的奠基
人。乌申斯基一生追求真理，

◎乌申斯基

热爱人民，从事过较长时期的教育活动，教育著作众多，对以
后的俄国乃至苏联教育产生了很大影响，被称为"俄国教师的
教师"。

1823 年，乌申斯基出生于俄国莫斯科以南的图拉城，他
的父亲是一个税务官员。在接受了完整的中等教育后，乌申
斯基在 1840 年进入莫斯科大学法律系学习。在大学里，乌申
斯基阅读了大量俄国和西欧进步的文艺作品，1844 年，他以
优异的成绩获得硕士学位。1846 年，乌申斯基被任命为一所
法律专科学校的代理教授。1848 年以后，俄国统治者加紧监
视和迫害进步教师，1849 年，乌申斯基被认定是一个政治上

不可靠的"自由思想家",教授职务遭到了解除。由于生活所迫,乌申斯基在内务部当了五年小职员,在杂志上发表了不少关于教育问题的文章。1855 年,乌申斯基重新开始了他的教育活动。他先后在一所孤儿院担任教师、学监,在这期间,他更加关注对教育问题的研究,并发表了《论公共教育的民族性》《学校三要素》等教育论文。

1859 年,乌申斯基调任斯莫尔尼贵族女子学院的总学监,开始了一系列教育改革,并取得了良好的效果。为了确保改革顺利进行,乌申斯基聘请多位进步人士来校任教,每周四还组织进步教师和学生讨论教学问题,交流教育思想,传播资产阶级精神。他利用担任《国民教育部公报》编辑之便,发表了一批具有新思想的文章,如《祖国语言》《师范学校章程》《劳动在心理和教育上的作用》以及低年级的俄语读本《儿童世界》。

乌申斯基的改革从一开始就遭到守旧派的反对甚至诬陷,他被指控为信仰无神论和有反政府的自由思想人,1862年遭遇辞退,沙皇政府迫于乌申斯基的声望,派遣其长期出国对女子教育进行考察。

1862 年至 1867 年间,乌申斯基考察和研究了瑞士、德国、法国、比利时、意大利等国的教育,完成了《祖国语言》及著名的《人是教育的对象》等诸多价值极高的教育论著。1871年,乌申斯基因患肺病去世,年仅 48 岁。

乌申斯基是 19 世纪 60 年代俄国社会改革运动中涌现出的进步资产阶级民主主义者,他对沙皇政府的统治和腐朽的农奴制极力反对，拥护解放农奴，为祖国的自由发展而奋斗。他虽然没有达到革命民主主义者别林斯基、车尔尼雪夫斯基的思想高度，但是在某些方面也受到了他们的影响，主张民族性原则，主张男女教育平权，要求教育普及。乌申斯基以其短暂的一生，为俄国的教育事业作出了杰出的贡献。

乌申斯基在教育方面最主要的代表作有《人是教育的对象》《论公共教育的民族性》等，其中前者在教育史上是具有独特风格的名篇，曾经是俄国教师的教育学读物。本书从乌申斯基的教育著作中编选出共十四篇具有一定代表性的文章，可以令读者全面、透彻地了解这位教育家的思想。

目录
Contents

第一章
论教育书刊的效益

　　与我们的实际教育相比，我国的教育书刊显得极为贫乏，这不能不引发对这件事情比较关心的人们的关注。一方面，我们拥有近两万名教师、五千多所学校和几所大学——其中最古老的学校已经庆祝完自己的建校 100 周年纪念日，还有一所颇具规模的师范学院；而在另一方面，我们却只有鲜为人知的那么两三种教育学教科书的试用本，质量还很糟糕，我们甚至都没有一本哪怕稍微有点名气的教育著作——不仅是我们自己写的没有，就算是翻译自外文的也没有；现在有的，不过是约 20 篇关于教育的文章，其中大部分都是 "exofficio"① 而发表的讲话；教育方面杂志的数量更是为零。不能不承认，教育实践与教育理论之间是存在极其严重不相称的情况的，所以如果说俄国政府在国民教育方面投入的精力要多于别的国家的话，那只能说明我们的书刊并没有将这些慷慨的努力充分地反映出来。

　　这也可以证明，我们这篇小文章起了这个不太时兴的标题

---

① 意为"因为职务的需要"。——编者注

是合适的。在 19 世纪末和 20 世纪初很时兴在公开场合对某个学术研究课题的效益发表文章或讲话的，不过在我们看来，与教育学方面和教育书刊的效益有关的文章还不至于过时。

的确，应该就我国教育书刊如此贫乏的现象进行解释，尤其是在我国的大部分教育设施的基本原理都是从德国学来的，而德国的教育书刊却如此发达的情况下。除非是心里偷偷地承认这些教育书刊是没什么用的。在我国，和教育内容有关的外文书不少，但是这无法弥补用俄文写的和译成俄文的教育书籍的不足——确认这一点非常容易。

用外文版的书籍取代俄文版的书籍是根本不可能的，原因有：第一，并不是人人都能看懂外文书，而且教育书刊一定是要具有独立性和民族性的。第二，在我们的学校图书馆里，即便是在那些最有希望找到优秀的教育书籍的图书馆里，想找到具有实际价值的教育书籍的可能性也微乎其微——差不多只能偶然间会发现一本。能找到的，基本都是些法国教育工作者们那些相当幼稚的著作，而且法国的教育艺术还极不景气。想要阅读外国教育文献方面的著作的人，就应该自己去向国外订购，至于一些次要的著作、专题学术著作、杂志和小册子更不必提了。通过在我们的一些杂志上时而出现（尤其是在最近总出现）的一些文章的性质，我们更加确信了西方教育文献对我们的影响是微乎其微的。一些基本原理在任何一本德国教科书中都是必不可少的，却经常被视为新的发现来叙述，一些早已从各个角度开展了研究的问题，又重新片面地进行论述，仿佛以前从来没有遇到过这样的问题。另外，即使我们并没有打算将我们的局部观察视为普遍现象，但是我们还是能够下个结论，如果说在我们的教育工作者那里看见他们系统地收集一些最主要的教育著作的情况有一两次，那么遇到那些带着蔑视的眼光去评论教育理论，甚至对其的态度是一种古怪的敌对情绪的教育工作者的情况，也要多得多，虽然他们其实完全不了解最主要的教育理论研究者的名字，或者只是凭借一点点传闻才知道的他们。这就是我们为什么想讲几句话来维护教育书刊。

　　理论与实践之间的争论历史悠久，在当前，由于意识到根据不足，这一争论终于得到了平息。发生在实践家与理论家之间，经验的捍卫者与理念的捍卫者之间，整体走向是趋向和解，现在已经具备了实行和解的最主要的条件。空洞的、没有任何根据的理论，就像那些根本无法得出任何观点、没有任何思想基础、也无法引申出任何思想的事实和经验一样，是没有任何用处的东西。理论不能脱离实际，事实也不能脱离思想。但是十分遗憾的是，这一在科学领域中还没有彻底平息的争论，还常常能够在现实生活中，尤其是在教育事业的发展过程中听到。教育理论家在动笔撰写自己的著作时，常常首先要让自己的思想从各种各样毫无意义的生活现象中挣脱出来，而努力将其提升到抽象的教育原理的高度，继而确定人的生活目的，考虑实现这一目的的手段，接下来开始构思进行教育的途径，然而却忘记了，将人的生活目的这一根本问题解决，是他整个教育理论的基础，而这个问题是在无比丰富多样的现实生活里得到解决的。但是教育实践家却对自己的同行沉湎于空洞的哲理大加嘲讽，认为其严谨的理论没有任何实用价值；他一手拿起戒尺，一手拿起自己所教学科的教科书——他的工作顺利开展，学生们用功地学习，从一个年级升上更高的一个年级，然后走向生活，好像从来都没有学过什么东西。他们将童年和少年时期必不可少的喜剧演完，就开始扮演与原来的角色没有任何联系的新角色；而回忆原来的角色，对生活除了妨碍没有任何其他作用，所以这样的回忆消失得越迅速越好。

　　但是这是两个极端，一切教育家——无论是理论家还是实践家——所采取的立场，都应是在这两者之间。无论哪位教育实践家，都不可能没形成自己的教育理论，哪怕只是一点点或者模糊不清的理论；反过来，无论是哪位大胆的理论家有时都应该注意一下事实。但如果说那些不切实际的教育理论可以不相信，那么可以认为实践家个人的经验没有重要的普遍意义是有更多的理由的。难道教育这项事业是如此的容易，以致只要获得了教育者的名义，就可以彻底地理解这项事业了吗？难道只是从事几年教育活动和个人观察，就能够将教育事业中的一切问题都解决了吗？那些最顽固的因循守旧的教育家喋喋不休地说着自己教育艺术的难度，并极其排斥理论，他们的根据就是它对那些脱离实际而自作聪明的人来说，掌握起来太容易了。当然，无论哪个教育实践家都不会排除自己的工作还存在或多或少地进行善的可能性；当然，他们中间的任何一位，都不会在自己的同行中找到在教育艺术上能够和自己相提并论的人。相反的是，他们中间的所有人都乐于扳着手指计算自己的教龄，对自己丰富的教育经验十分自豪。然而，这种不平衡是以什么为基础的？或者换句话说，教育经验是什么？就是教育者在教育工作的过程中所经历的大大小小的、或多或少的事实。当然，如果这些事实始终只是停留在事实的水平上，那么它们就根本无法提供经验。它们应当影响教育者的头脑，并通过教育者的头脑根据自己的特点加以分类、概括，然后变成思想，而只有形成了这种思想（已经并非事实本身），才能成为教育者开展教育活动的准则。作为一个人，他的活动总是产生于自觉的意志中，产生于理性中；但是在理性的范围内，事实本身并不重要，重要的只是事实的观念方面，是从事实中产生并且因为事实而得以充实的思想。各种事实在其观念形式中的联系、实践的观念方面，都可以成为像教育那样的实际工作的理论。反对这种理论与一般的反对思想，其实是一样的。然而无论什么情况下，教育者都应该是思想的捍卫者，这是因为假如他只承认事实和个人经验的作用，那么他自己教的整个学科又有什么价值呢？一方面他对自己将理论的作用加以否定，而另一方面却又持续地将理论讲述给孩子们，这难道不是自相矛盾吗？如果说理论在现实生活中没有任何价值，那么传授给孩子们的科学知识又有什么价值呢？而且，教育者自己的知识又具有哪些价值呢？

　　确定无疑的是，教育活动是属于人的理性和自觉活动的范畴；教育这个概念本身就是由历史创造的；自然界里并没有教育。此外，这种活动完全是为了发展人的意识：它怎么可以将思想否定，怎么可以不再追求认识真理，怎么可以拒绝思考计划呢？

　　如果说，教育书刊并非为我们提供那些已经经过清楚的认识及深思熟虑的经验汇集，也非为我们提供和教育工作有关的思维过程的结果，那么它到底为我们提供的是什么呢？哪一位教育者——即使他是一个因循守旧者中最顽固的那个——会拒绝接受比他经验丰富的教育家的建议，或者不想为刚参加工作的同事提供合理的建议？实践和事实不过是事情的一个方面，如果在教育工作中只承认实践的作用，那么即便是这种相互提供建议的方式也是无法进行下去的。能够彼此提供的是产生于经验中的思想，而非经验本身；当然，只要所提供的并非一道巫婆的药方："你，我的老兄，看一下这几个字，写到一张小纸条上，然后烧了它，用水和了纸灰，再迎着朝霞吞下去，那你肯定可以看见什么奇迹的。"教育艺术难道可能陷入这样饱含迷信、偏见和古怪念头的愚昧无知的境地当中吗？然而如果让它只是凭借每一个教育者的单独实践，那么它就会是这样的命运。

人们对此可以发表自己的议论，"这是一位十分高明的教师，这是一位十分高明的教育者"，然而他为什么会有如此大的力量，他的教育艺术是如何形成的——并没有谁清楚，也没有人懂得其中的道理；想实现这一点，除了靠个人的实践，没有别的办法。这不就和巫婆们玩的把戏是一样的吗？难道教育这一让意识和意志获得发展的艺术，就可以停留在如此低级的阶段，甚至都不能提高到医学现在达到的水平？而医学虽然对汇集各种事实十分注重，然而它的依据，一方面是对人的机体及其机能的了解，另一方面则是各种毒物和药物特性的作用。

医学技术和教育艺术之间相似之处很多，我们就利用这些相似之处，来将教育工作中理论与实践之间的关系更清楚地阐释出来。

只凭借理论知识是无法造就一名优秀的医师的；想实现这个目标，具备天赋的观察力和获得多年的实际经验是确定无疑的；但是难道这样就能够因此而将医学作为一种学说的作用否定了吗？假如医学还停留在巫婆药方的水平，或者停留在以偶然发现的某些药物的医疗特性为基础上，那么它就根本无法获得进步！如果医药实践没有以有关自然科学的知识去充实自己，而只是停留在实践的水平上；如果所有的医生都直接从事实际的工作，没有经过培训，靠的只是自己的观察能力或者个人的经验，那么如此医学实践能够获得什么样的成果呢？在这样的道路上，即便是最有才能的人，也会犯下大量的错误，而这样的错误是现在那些距离毕业还远的医科大学生都不可能犯的；这些错误造成的损失巨大，这其中包括很多人付出了生命的代价。这样的错误还只是个人的经验，但是它们也根本无法带来丝毫的益处，因为所有的医生都要自己从头做起，走上同一条别人已经犯过很多错误的道路。在医学中的这种因循守旧的设想本身看来好像是极其荒谬的，但是这只是因为医疗技术依靠科学已有几百年的历史了。但是为什么能说这种看法运用在教育方面，是较为合适的呢？为什么对于一个教育者而言，能够不要求他提前接受工作上的培训，而让所有的工作所凭借的都是他自己的观察和自己的经验呢？难道教育事业的重要性不如医疗事业吗？难道是人的心灵这教育的对象不像躯体这医学的对象具有自身的规律吗？为什么解剖学、生理学和病理学可以在躯体上运用，却不能在心灵上运用呢？难道心灵并不像躯体这样具有自己的机体，按照自己内在的规律而发展，并且可能出现偏离正常状况的情况？难道在各种各样的人的心灵活动现象中，在他们的心灵发展过程里，我们就找不到哪怕一点点的共同之处吗？难道在这里就没有各种事实和规律吗？

倘若说只是建立在因循守旧和陈规陋习基础上的医疗实践可能导致很多祸害产生，而它可能产生的益处却极其匮乏，那么处在相同情况下的教育实践也会是一样的结果，祸害很多，益处极少。拙劣的医疗技术导致的后果是较为明显的，人们可以感觉到它们；然而不良的教育所导致的后果在严重的程度上是一致的；然而如果说它们不那么明显，那只是因为它们并没有获得多少人的关注。当然，并不是说可以将人们的所有不道德的行为和所有愚昧无知的表现，都算到教育工作中的不足和错误之处，就像并不能将所有的疾病和过早的死亡都算到医疗工作中的不足和错误之处的头上一样；反过来，健康的心灵或躯体也并不是一概而论地归功于教育或医疗的努力。然而现在，有谁还会对科学的医疗手段能够带来益处表示怀疑呢？众所周知的是，科学的医疗手段一方面可以对早逝和疾病的原因给出解释，另一方面又可以给出一些从不接受医生治疗，或者偶然几次被巫婆治好病的人会健康长寿的原因。

不过，也有部分教育实践家并不承认对教育科学进行理论研究的益处，他们的理由是他觉得自己在没有理论帮助的情况下，已经取得了足够大的成绩。我们只能对这样的教育实践家说，他是一位空想家，一位极其伟大的空想家，极少对社会生活和个人生活所提供的各种现象进行观察。而在教育偏离正确的方向时，即那些在青年时代接受过教育的人的精神面貌并没有发展得很好时，我们只有故意地闭上眼睛才能看不到，教育对社会道德的影响是多么的渺小，而它在突出人的精神需求方面可以发挥的作用又是多么的微不足道。不信善，贪图金钱，轻视思想，缺乏道德准则，喜欢走捷径，漠不关心社会利益，姑息纵容那些破坏品行规矩的行为……这些都是教育要与其进行斗争的敌人。

倘若你将那些真正地得到高度进步——无论是在道德方面还是智力方面——的人的数量，和受到系统教育的人的数量比较一番；如果你去一些中学中看一下，并将那些新生的数量和即将毕业的学生的数量比较一番，那么你就会知道，教育需要做的事还有很多！

然而，我们将社会道德和社会的智力发展水平方面的责任都算到教育头上，这样是不是过高地要求了教育呢？我们应该向教育提出和对医疗事业一样的要求，包括一些受条件限制但是很实际的要求？如果教育不影响人的智力发展和道德发展，那么它还有什么用处呢？如果说我们的天性高尚与否决定了我们是否履行社会义务，那么还有什么理由去死啃亚里士多德、苏格拉底和老卡托们的历史呢？如果学习历史、学习文学、学习众多的学科都无法促使我们对思想和真理的爱要超过对金钱、纸牌和美酒的爱，也无法促使我们将精神上的享受放在肉体上的享受之上，视精神方面的优点要高于偶然产生的优点，那么我们还要去学习这些东西干吗呢？难道仅仅是因为在学校里待上几年是履行青年时代的必要手续，最后获得一张证明你已经将全部课程顺利修完的文凭？但如果是这样，那为什么还要去浪费如此多的时间，只是为了那些在生活中没有任何用处、除了考试就再也不需要的知识吗？在这样的情况下，只要教一教一些技术知识，传授读、写、算、量就可以了。但是如果将教育仅仅局限于传授技术，又有谁会同意呢？

不能向医学提出根除早逝和流行病的要求，也不能向教育提出彻底根除道德败坏、蔑视思想和真理或某些社会弊端等个别情况的要求，因为这些情况就和传染病一样，常常是存在连医学或教育也无法解决的客观原因的。但如果医学既无法预防疾病，也治不好疾病，那么又为什么要设置医疗系呢？

严格地讲，医学还有教育学都是不能称为科学的。无论是医学也好，教育学也好，都不能像掌握数学、天文学、化学、解剖学以及生理学等学科那样的方式去学成。医学和教育学，除了要对哲学与自然科学领域中的各门学科有所了解外，还要求在实践中运用这些学科的知识：它们需要很多自身并不构成一门学科的实际知识，需要锻炼观察力以及某些方面的技巧。但是，教育学虽然和医学同样并非一门科学，却具有开展理论研究以及实际研究的可能性。中等师范学校、师范学院或者一些专门培训教师的机构，都是必不可少的，与医疗系一样。一所没有附设实习学校的中等师范学校，就像一个没有附设教学研究型的门诊所的医疗系一样；但是如果只有教育实践却缺乏理论，那么就像医学中的巫医术一样了。

　　然而可能有人会向我们指出，医学与教育学相提并论是错误的，因为医学研究的依据，是对人的机体以及影响机体的各种自然物的实证研究，而教育学却是一些心理学家们的虚无缥缈、模糊不清、自相矛盾的理论，而在这样的基础上是无法建立起可靠东西的。有人觉得和对人的机体的各种现象的研究比起来，对心灵的各种表现的研究还处于极为不完善的状况——对此我们无法表示同意。然而心理学到现在也没有达到与解剖学、生理学和病理学同样的水平，这是谁的问题呢？不是医学以自己的要求促进这些学科得到发展吗？教育学对于心理学、人类学和逻辑学来说，不是承担着一样的责任吗？如果医务实际工作者没有去对这些学科进行研究，没有将它们汇总研究，并且用新的经验去对它们进行检验并充实，没有将那些依据各种不一样的理由摘录下来的、分散在各种不一样的著作里的大量零星的材料归结在一个体系当中，那么对人体现象规律进行论述的各门学科，现在估计也会是很可怜的状况。心灵生活的现象与肉体生活的现象是同样重要，也同样无法改变。

　　尽管心灵并非像死的机体那样的物质培养基，然而它是永恒的、生气勃勃的，而且还可以随时接受我们的观察和试验，准备回答我们的问题。这样的观察和试验难道还少吗？每一个善于深入观察自己本人的人，就是一本现成的心理学教科书；你几乎不会找到一本没有对心理事实的描写以及对心理现象的看法的书；书中的全部情节都写的和人的心灵有关的故事，而描写人的肉体有关的故事将会被忘得一干二净；任何一首诗，任何一部传记，任何一部中篇小说，任何一部长篇小说，都拥有大量的心理事实和心理观察描写；一本质量低劣到在其中没有反映出心理学观点的整个体系的教育学教科书是不存在的；而教育实践为进行心理观察提供了多么广阔的天地！难道让教育—心理学家觉得为难的不是材料匮乏，而是材料太丰富了吗？然而，我们希望一个教育家——主要是教育实践家——同时还是一个心理学家，这是否是一个过高的要求呢？难道实际情况不是任何一位教育家他本来就是一位心理学家吗？他对自己的学生进行研究——研究他的爱好、才能以及优缺点，对他的智能发展情况进行观察并予以指导，对他的意志进行培养，对他的思考能力展开训练，启发他的才智，培养他的兴趣，帮助他克服懒惰和固执的习性，并将天生的不良趋向根除，将他对真理的爱唤起——总而言之，一个教育实践家无时无刻不在心理现象的范围内活动着……或者就是迫使学生进行背诵，一个字都不能差，或者是惩罚那些功课没有学好或在课堂上吵闹的学生。以下这三者必居其一：或者心理学是一门如此简单的学科，以至于任何一位教育实践家都可以轻松掌握，不必有任何培训；或者教育家是一部机器，负责授课、提问，以及惩罚那些落到他手中（因为鉴别过失也需要对心理学的熟悉）的学生；或者是教育家在成为一个实践家之前，就应该对心灵的各种现象进行详细的学习和了解，对运用教育艺术的目的、对象和条件进行深入的思考。我清楚，人们习惯于将教育视为任何人都能办到的事情，这就让他们在看到了大量的要求之后会觉得，即便不提这些要求，事情一样能够进行。毫无疑问，事情是能够进行，但是又能进行得怎样呢？希望所有的教育实践家在写参加隆重的毕业典礼的发言稿时，或者在为自己的寄宿学校起草某个布告时，能够好好地想一下，他的有关教育的一些词句与事情本身之间的联系又是怎样的！难道教育就只应该停留在词句上，而且由于公开试验的顺利进行就能够满足了吗？

诚然，并不是所有的教育实践家都应该成为一个学者或者一个精深的心理学家；但是，推动科学向前发展，促进心理学体系的建立，并将其投入实际中进行检验和完善——这个责任落在所有教育工作者的肩膀上，因为只有这类人是对人的精神方面进行研究的；对于他们的实际活动而言，对人的精神方面进行研究就像医生对人的肉体方面进行研究，都很重要。但是可以而且也是应该要求每一个教育实践家要自觉而又认真地履行自己的义务，而且在着手对人的精神方面进行教育时，要将他能够运用的一切手段都运用起来，以便对自己一生活动的对象尽可能更清楚地了解。

实现这一目的的最强有力的工具就是教育书刊。它们可以让我们许多聪明而有经验的教育家所作的心理观察有所了解，而最主要的，是可以将我们自己的思想引向那些可能很容易被我们忽略的事物。如果说我们对一个手艺人提出要求，要他关心自己的手艺，要他尽量地努力去熟悉它，那么我们将孩子们托付给自己的社会，难道就没有权利要求我们尽自己的最大努力去了解让我们负责照管的对象——了解人的智力和道德方面具有哪些特性吗？教育书刊为我们开辟了实现这种了解的广阔道路。

　　当然，没有人会怀疑教育是一种自觉的活动，至少从教育者的角度而言是这样的；所谓自觉的活动，就是在这样的活动中我们已经了解了目的，与之有关的材料也熟悉了，经过了反复的思考和试验，选定了为实现我们已经认准的目标而一定要采取的手段——只有这样的活动，才能够称为自觉的活动。如果没有具备这些条件——甚至是在我们的物质需要方面也不具备这些条件的活动，就不能称为人的活动；尤其是在涉及人的道德发展和智力发展时，更是如此。不过，为了可以自觉地选择实现教育目的的手段，并且坚信我们所选择的手段是最行之有效的，那么我们首先就应该了解这些手段。教育措施以及教育方法都是极其丰富多样的；一个教育者只有全面地了解了这些多样的措施和方法，才能将那种顽固的片面性摆脱；然而令人遗憾的是，我们常常可以在一些不熟悉教育书刊的教育实践家身上，找到这种顽固的片面性。如果说因循守旧是错误的，那么只要有一个教育家染上了这样的习气，就会造成极大的祸害！它有可能对 30 代甚至 40 代人都产生不良的影响——想到这里，不禁有些感到恐惧。难道在开始进行责任这么重大的工作之前，不应该首先确认一下，你的教育方法和教学方法是不是真的比别的地方和别的教育家所使用的所有方法都更有效——不应该首先确认一下，是什么在让你在 30 年的实际工作中，都自尊地坚持着那种尽管是错误的方法？

　　我想会有人会向我们指出，倘若所有的教师都随心所欲地选择自己的教学方法，而所有的教育者也都随心所欲地选择自己的教育方法，那么在公共学校里，尤其是在大型的公共学校里，这种方法上的多样化就会产生极大的危害。不过，首先，无论因为不一样的信念而产生的多样化是多么的有害，但它终归是要比缺乏信念的死板的单一化是有好处的；其次，有一点应当指出，对于公共学校而言，我们所说的教育工作者，绝对不是仅仅指的教师和直接的教育者（家庭教师、监护者），而是包括教师和教育者们共同的会议人员（代表会议、协商会议等）、学校的领导人员（校长、学监等），还有教学委员会人员等。公共教育机构里的任何一个成员的分工都是确定了的；不过要说这一机构中最重要的成员，自然是教师和直接的教育者（如果这两种职务像英国的大多数教育机构中一样，并非由同一个人兼任），无论与教学和教育的有关指示是多么的详细、多么的准确，它们永远都无法弥补教师信念的不足。一个和他的学生们处于面对面地位的教育者（教学不过是教育的手段之一），本身就具有在教育工作里获得成就的所有可能性。教育人的最主要的途径，就是培养信念，但是只有以信念才能培养起信念。任何教学大纲，任何教育方法，无论它有多么的完善，如果无法转变为教育者的信念，那就无法摆脱一纸空文的命运，无法发挥任何实际的作用。在这件事情上，就连最警惕的监督也是无法产生效果的。一个教育者永远都无法成为教育指示的盲目执行者：教育指示如果没有经过教育者个人信念的加温，是根本不可能具有任何的力量的。在学校里，毫无疑问的是很多东西都取决于学校总的规章制度，但是最主要的方面则永远都是由与学生处于面对面地位的直接教育者的个性所决定的：对年轻的心灵而言，教育者的个性是一种巨大的教育力量；无论是教科书，还是道德格言，或者什么奖惩制度，都无法代替这种力量。当然，学校的精神发挥着重要的作用，不过这种精神不是仅在学校的围墙之内发挥作用，也并非一纸空文，而是扎根于大多数教育者的性格里，并且又从教育者的性格里潜移到被教育者的性格里。

然而，如果说教育者的个性意味着教育工作中的一切，那么除了通过符合教育学的教育工作，除了通过自由的信念，除了通过教育书刊以外，还能以什么方式去对个性施加影响呢？

只有教育书刊，才能让教育活动得以活跃起来，让它具有某种意义和趣味，而教育活动如果没有了这种意义和趣味，马上就会变成机械地度过安排上课的时间。只有教育书刊才能引起社会上的人们重视教育事业，并且赋予和教育工作者肩负重任相称的社会地位。教育书刊一方面确定社会对教育事业的正确要求，另一方面又给出如何才能让这些要求得以满足的途径。

如果一位教师只是在教室里从事自己的工作，而当他跨出校门，无论是在社会上，还是在各种书刊里，都感受不到对自己工作的关心，那么他很快就会对自己的工作冷漠起来。教育者对学生们应当具有深厚的爱，这样才能即便是一个人独处的时候，也会始终想着自己的学生们；但是如果社会本身没有对此表现出关心，那么它就没有要求任何一个人具备这种爱的权利。

当一个孤零零地进行着自己那些单调无聊、索然无味的活动的教师看到，无论是社会，还是各种书刊，甚至亚述古迹和伊达拉里亚花瓶都在被研究的范围之内，教师的质朴的事业却不在，那么他就得拥有——我们再重复一遍——非凡的道德力量，才不至于在单调的教师生涯那让人昏昏欲睡的气氛中酣然入梦。科学、文学作品和社会生活中的问题，甚至和教师的微不足道的活动没有任何关系。一部新的中篇小说，一台新的独幕轻喜剧，一把新的小提琴，甚至一顶小帽子——和教师活动的小小事实相比，这些东西都是一些多么了不起的现象啊！教师的职责好像只是去处理儿童淘气之类的小事，它不值得引起那些忙着生活中各种具有实际意义的事情、不过还要对自己孩子的考试和毕业问题多多少少给予一些关心的成年人的注意。一个开始从事自己工作的新的教育者——可能他此时的心愿是十分美好的——很快就会发现，在课堂范围之外没有人在进行教育工作，因此他自己也就会逐渐地习惯于教育工作也只是在课堂上进行——习惯于将教师活动中的问题视为微不足道的小事，这些小事甚至无法和那些引起社会注意的别的任何职业中的一些微不足道的小事相提并论。他很快就会对某种不知什么时候形成的、呆板而又因循守旧的东西感到满足，而这种东西通常都是靠不住的，而且基本都是片面的。有时甚至还会发生这种情况：在沾染上了这种因循守旧的习气之后并且这种习气还很顽固的时候，他就会开始用某种仇恨的心理看待任何一本和教育有关的书籍——如果有这样一种书籍偶然地落到了他的手上——因为他已将它视为粗暴地破坏自己多年安宁生活的东西。在这样的情况下，想让他信服很难：他在不长的年月中独自取得的经验——即使是四五十年的经验，和人们积累于很多个世纪的经验相比，都是微不足道的，因为许许多多人的教育活动的成果都凝聚在这些经验当中，这些人最差的也都是像他一样的教师，而且还有许多是杰出的天才，和为教育事业贡献了毕生力量的非凡人物。这样的教师大多都非常乐意向别人提出各种建议，而从正常的理智出发，他往往也不会对另一个教龄长于他、经验丰富于他的教师提出的建议持蔑视的态度。然而与此同时，他却会固执地对基于整个人类积累于很多个世纪内的经验而提供的各种建议表示拒绝接受，也会固执地对一些最有经验、最著名的教育家所提出的各种建议表示拒绝接受，仅仅是因为这些建议是以出版物的形式发表的。这难道不是咄咄怪事？但是实际上，这种情况确实存在。

教导和教育活动，可能比别的任何活动都需要经常保持精神上的振奋；但是这种运动却又比别的任何运动都难以引来社会的目光，而且它的成果是无法迅速地显示出来的，所以也就不可能被很多人看到，尤其是很难为教育者自己看到；这种单调枯燥的活动会麻痹人的智慧，并且让人逐渐对无意识的行为感到习惯了。机械的教学过程、对淘气的孩子进行令人厌倦的照看，都无法为智慧的发展提供粮食，同时也无法让智慧获得在从事单纯的体力劳动时所获得的那种自由。一个人在锯木板或砍柴火时，还能想一想别的事情；但是当一个人在第一百次讲解他早已烂熟于心的材料时，他又像在思考，又不像在思考，他的理性会陷入一种半睡半醒的状态，这是不由自主的；因为习惯而造成的这种状态变得既甜蜜又诱人，就像土耳其人那样，十分的悠然自得。教学活动的这种让人昏沉的影响是很好发现的，所以会经常遇到这样的人：在教育工作中，他们并没有发现那种只有通过深入研究才能发生的兴趣，而是发现了教育工作对自己产生的催眠作用，这之后他们就退出了教育舞台。的确，一个被激起了强烈的智力活动愿望的年轻人，很难下决心将自己的一生，贡献给在社会上仿佛没有谁在思考，而且无论什么地方都听不到一个有关的字眼，无论从哪本书刊上都看不到一行有关的字句的一种职业。

请看下所谓投身于自己工作的教师，这是另一种类型的教师。他仿佛积极参加能够发生作用的所有活动：意味深长地微笑，严厉地皱起眉头，做着有力的手势。不过请不要相信这些微笑、这些神气十足的皱眉和这些手势。在20年来的每一堂课上，他都是这样微笑的，这样挥动着手臂的。他打着甜美的盹，然而在某个淘气鬼扰乱了他的安宁时，他就会生气地醒来。下了课以后，他回到了自己的家里，很多日常生活里需要他操心的事——没准还包括玩纸牌，这得看年龄与爱好——又重新将他唤回到生活中来。对于这样的教师来说，怎么可能要求他的学生，始终保持着激昂状态呢？虽然这是进行任何一种富有成效的学习所必需的。他们只是乖乖地坐在那里，生怕将尽管是在讲课，但却是在打盹的老师吵醒。

当然，话又说回来，这是一种例外的情况，但这是一种经常能够遇到的例外，但是如果可以由教育书刊将教育活动的一切引人入胜之处展示给人们，并由此引发人们对教育活动浓厚的兴趣，那么就不应该产生，也不可能产生这种例外。

内容丰富的、生命力强的、合乎现代水平的教育书刊，可以让教育者摆脱死气沉沉的、与外界隔绝的环境，引导他进入终生为教育事业献身的思想家们的圈子里。一个适应了教育的现代发展进程的教育者，意识到自己是伟大集体中的一个积极活跃、富有朝气的成员，这个集体正在与人类的愚昧无知和各种恶习作斗争，意识到自己是那些在人们过去的历史上曾经有过的所有高尚的、崇高的东西和新的一代之间的中介者，意识到自己是捍卫为真理和幸福而斗争过的人们的神圣遗训的人。他感觉到自己是处在过去和未来之间的、一个活力四射的人，是善良和真理的有力的维护者，并且认识到，从表面看来他的事业仿佛微不足道，然而却是历史上最伟大、最崇高的事业之一，各个王国都是在这个事业的基础上建立起来的，而且世世代代的人们都依靠它才得以生存。他看到，那些胸无点墨、心灵空虚、带着烟火般的光芒和噼噼啪啪的响声消失得无影无踪的芸芸众生，确实很少留意对于在他思想中产生的一些有关他的活动的问题，但这些问题却可以引起成千上万个最高尚、最有智慧、最深刻地理解了教育的所有重要意义的人的注意。

另一方面，因为教育书刊的存在，无论哪个教育者，都有让自己跳出自己本人富有成效的活动的狭隘范围的可能。他在本身的实际工作中所积累的思想和经验，产生于他头脑里的新问题——这些都不会只局限于他的学校的范围之内，或者从更坏的角度而言，不会随着他的死亡而消失，而是会出现在写作领域，进而传遍俄罗斯的任何一个角落，传入任何偏僻的地区，只要那里有学校，并且因为他的思想和他的许多同行的事业有着直接的关系，所以会引起他们的赞许或争论；他的思想可能获得热烈的支持，赢得众多的捍卫者，并且得以在整个国家公共教育的广阔范围之内付诸实现，而不仅仅是一个班级或一个学校的狭窄范围。

但是，教育书刊不只是对于教育工作者而言是必不可少的，对家长们而言，它同样是必不可少的。

要知道，家长们向教育提出的要求是多么五花八门，而且有时候又是多么离奇古怪啊！这些要求与关于教育目的的随便哪种正确概念都相抵触。毋庸置疑，所有人都希望自己的孩子在各方面都是最出色的；但是人们对最好的这个词的理解却千差万别，以致往往有人为了满足这个愿望，而将教育变成拿孩子的道德和未来的命运来做投机的勾当，这是丧尽天良、弄虚作假的。有教养的人的概念拥有丰富的内涵。人们往往称这样的人为很有教养：他会打极为漂亮的领带，会赶时髦，会说多种外语，会让客厅里的谈话滔滔不绝，能博取女士们的欢心，等等。人们往往还会称那样的人为很有教养：他擅长讨好别人；又会趾高气扬；如果场合需要，他还会发号施令；他不会放过任何落到他手中的东西，等等。关于女子教育的概念通常更加古怪：一个有教养的姑娘应该是这样的：她善于哄骗别人，善于轻快而又漫不经心地弹奏一曲极难的咏叹调，善于将冷静的理智与天真烂漫结合在一起，并且善于将最不友善的心灵活动掩盖在亲切的笑容之下；而女子教育的主要目的，就是要抓住一位有钱的求婚者。请想想吧，应当怎样称呼那些决定满足这样的要求的教育者呢？怎么称呼都行，只是看在上帝的份上，别称他们为教育者就行。

那么，随之而来的后果又是怎样呢？家长们总能因为实现了自己的要求而觉得心满意足吗？并非如此！一个人内心的冷漠无情和卑鄙无耻，首先会对他的家庭关系产生影响，尽管形成这种习性，无疑并不是直接为了对付别人的。野蛮和自私的祸害透过文明的外表显现出来，与此同时，造成这些祸害的人自己也不清楚这些祸害到底是怎样产生的。

在将自己的子女交给教育者或者送到学校去之后，家长们当然不应该就此摆脱了神圣的监督子女教育的义务。但是为此家长们应当有这样一个正确而清晰的了解：他们一方面可以向教育者或者学校提出什么样的要求，而另一方面又可以对自己的子女提出些什么样的要求。如果仅仅是观察自己的子女获得多少分，是不是升了级，得到了怎样的考试评语，是远远不够的。任何一个公共学校的教师都知道，学生的家长们常常对学校中一些和他们子女有关的实际情况产生完全错误的理解，所以有时会因为某些完全没有理由受到惩罚的事情而惩罚他们，有时又亲自鼓励他们去做其实是学校反对做的事，有时还会将与真正的道德教育完全背道而驰的思想方法灌输给他们，而又会自己感觉奇怪：为什么他们教育子女教育得如此糟糕？为什么他们教育子女，结出了苦涩的果实？

家长们为自己的孩子选择教育方式，选择教育者或者学校，由此确定他们的生活道路。为了实现这一切，就应该对子女身上各种趋向的特征有清楚而正确的了解，对各种教育和教学方式的要求和目的有所了解，善于选择并评价教育者，对各种教育机构的情况及其课程、要求和目的也心中有数，善于分析它们的长处和短处。而所有的这些，远没有刚开始看起来的那么容易。

只有当家长们能根据教师的人格及其事业的重要性来评价他们时，才能够指望找到优秀的家庭教师，并且远离大量的外国骗子们，要知道不少家长都轻率地将自己子女的道德品质托付给一些外国人，而这些外国人只会招摇撞骗。但是，要想能够识别什么样的人才是优秀的教导者和优秀的教育者，就应当知道：教育是什么，它有怎样的要求，会出现哪些困难，而做到对这一切心中有数，也是为了不会上当受骗，因为一旦上当受骗，付出的代价是巨大的——子女的性格和前途断送了。

在一部分家庭里，家长本身就是——部分地或者完全地——自己子女的教育者，我们就不去谈论这样的情况了。如果是这种情况，那么在专门谈论教育者时所说的所有内容，也都是适用于家长的。但是家长们从来就是——尽管可能只是部分地——自己子女的教育者，并且为教育工作在以后的成功或者失败播下最好的种子。

不用解释就能清楚，对于这种情况的家长们来说，获得教育学方面的知识有多么的重要。

社会在教育事业中所获得的所有可靠的成果，都一定是凭借教育书刊才能获得的。教育的范围如此灵活，如此错综复杂，以至于考虑出某种恰恰能产生预期效果的教育措施是几乎不可能的。任何一种新的、和公共教育有关的规章制度，投入实际执行之后，都必然会表现出一些良好的或不良的特性，然而这些特性都是无法进行预料的。教育书刊应当如实地反映教育实践的成果，并将它们保存下来，使其可以为任何一个人所接受；只有以这些成果为基础，公共教育才能够得到进一步的发展。

比如，某一本在当时而言是非常优秀的新教科书，被很多公共学校选为教材使用。毫无疑问，这本教科书有它自己的优点，也有缺点，不过只有通过广泛的实践，这些优点和缺点才可能充分地表现出来。如果教育书刊可以把实践所提供的所有资料和要求收集起来，那么编纂新教科书的人就可以让自己的这部新著作，与经验和实践所提供的这些指南相适应。所有了解这一事业的人都确定无疑地可以理解，对于教育而言，一本高水平的教科书具有极重要的意义，对各类教科书给予多角度的评论是必不可少的，而且在这方面经验和实践所提供的指南也是不可或缺的。

最后，对于那些历史上没有像英国这样，在教育事业中形成了社会舆论（在英国，那些已经有数千年历史的高等学校和历史悠久的中小学形成了对于教育事业的社会舆论）的地方，饱含活力的教育书刊不只是可以反映社会舆论的最重要的工具，它甚至还是进一步发展和纯洁化社会舆论最有力的手段。关于教育明确而肯定的社会舆论，可以认清教育的目的及其要求还有手段；它正是能让民族教育独立发展得以生根发芽的土壤，是让全民族获得长足发展的最重要的历史手段之一。在另一篇著作（《论公共教育的民族性》）中，我们已经将这一思想较为充分地阐述出来了；在这里我们只是说明一下，只有那些不以个人的刁钻古怪的、像流行服饰那样经常变化的、而且通常和教育的道德观念根本背道而驰的要求为转移，将自己的规章制度建立在社会舆论基础上并与之共同存在、共同发展的教育，才会具有真正的教育力量。但是关于教育的社会舆论不仅应该，而且能够存在于每一个地方——这一点是绝对毋庸置疑的。不妨想象一下，关心教育事业的人有多少啊！任何一个只要是有点儿教养的家庭里，不议论一些和教育有关的事情都是不可能的。所以，我们所缺乏的并非为关于教育的社会舆论所应当提供的资料，而是反映社会舆论并让其获得发展的手段——缺少的是教育书刊。

为了对社会舆论在教育事业中所起到的重要意义形成清楚的认识，我们举两所为显贵阶层的子女开设的学校作为例子：一所是那所古老的英国学校——伊顿，另一所是巴黎随便哪所时髦的寄宿学校，或者甚至是巴黎最好的学校也可以。

伊顿公学与牛津持直接联系已有好几百年了，它对一些古老大学的教育体系表示赞成，所以它自己一贯奉行的规章制度从来都不会改变，无论家长们提出什么样的要求，尤论这些规章制度是好的还是坏的，但是它们依然为社会舆论所赞许，而尽管英国的显贵们可能并不完全满意伊顿教育折磨人的体系，但是他们依然将自己的儿子送去了伊顿上学。这是由和它有关的社会舆论所决定的，因为这种舆论让人确信，伊顿的教育是非常优秀的，这是真正贵族式的教育。要想让伊顿改变自己的教育方式，就一定得让牛津和剑桥改变教育方式；而这恰恰就要求整个教育事业的社会舆论的根本改变，毫无疑问，这种社会舆论并非为伊顿学生的家长们所支配，而是由民族发展的整个进程所决定的。只有伊顿的规章制度不再具有英国的特点，伊顿才会对这些规章制度做出改变；而在这之前，家长们都应该屈从于它的教育规章，这和他们的父辈和祖辈们屈从于它们没什么两样，尽管大部分家长并不满意于这些教育规章。另一方面，作为英国概念的体现者，即作为教育的社会舆论的体现者，伊顿本身如果没有破坏自己的原则的打算，那么就不能违反这个概念。在连续不断地培养一代代新人过程中，伊顿一方面有力地影响了社会风尚和社会信念，另一方面则持续地为自己开辟了通向未来的道路，并且为自己培养出一批又一批拥有巨大影响力的维护者。英国的一些历史悠久的大学和中小学的毕业生（在英国那些社会威望很高的人们中间，谁没有在这些学校中学习的经历）无论在什么地方，都是自己母校的维护者，他们群起反对激进党的猛烈抨击，当然一方面是根据原则，另一方面却是出于对自己母校的情不自禁的爱，而这种爱是人所固有的。

任何一个父亲都希望自己的儿子在他本人曾经求学的学校里就读，这种愿望在英国要远远强烈于其他任何一个国家；而且在牛津的各个学校里，还没出现过几百年来由同一个姓氏世代相传的奖学金和大学生住房。显然，在社会与公共教育机构联系如此紧密的情况下，教育只可能和全社会的进步保持同步前进，而且教育规章将以社会舆论的全部力量来对一些个人的要求进行控制，在社会舆论面前，个人应该将一些自私打算都隐藏起来。

而在巴黎的一些时髦的寄宿学校却并没有这种坚实的基础。这些学校为什么成为时髦的学校？是由于它们能够满足那些以体面教育的名义，掩饰自己最违反教育的概念的大多数家长的愿望。因为关于学校的指令经常出现变化，学校本身的方向也在不断出现变化，以至于关于教育的某种概念就不可能扎根于社会；这样，它就只能努力去迎合把自己的子女送过来并缴纳学费的那些人的口味。然而这往往会是一些极其刁钻古怪的口味，而且基本都会与教育的道德目的相悖。与此同时，教育学就被置于极其低下的地位，而教师们也只能处于指望获得功名与金钱的投机者队伍的末尾——他们只能待在这里，这是因为拿教育进行投机，获得厚利的可能性极低，而通过从事教育来实现飞黄腾达的目的，终究是令人怀疑的。

如果公共教育处于这种状况，那么技术教育可能像在法国那样获得兴旺的发展；不过教育对社会的道德影响却会变得微乎其微。当然，没有人想让教育的范围仅仅局限于技术教育部分。

然而无论公共教育的体系怎样随意多变，社会的特性仍然会在它的方针中反映出来，就像在法国所呈现的那样，但是反映出来的并非总是社会特性最好的那些方面。人就是这样的！他在社会舆论中的发言，好像总是表现他的良心，还有他的良好的信念；而在独处时，在暗地里，他就会放任自己心灵中某些动机的自由发展，虽然他清楚地知道这些动机的丑恶面，并且在公开场合是公开否定它们的。遗憾的是，这些暗藏的丑恶动机往往会对儿童的教育产生影响。在每个父亲和每个母亲的心灵中，往往会存在两种截然不同的愿望在斗争着；他们希望一切最优秀的道德品质都出现在自己子女的身上，但与此同时又希望他们在生活中获得某些成就，而这些成就中的一部分，是并非具备最优秀的道德品质就可以获得的。如果再加上家长的好权、虚荣，尤其喜欢夸耀自己的孩子，还有许许多多低下卑劣的动机；于是那些最需要的不是社会舆论，而是学生的学费，也就是对家长的钱袋垂涎三尺的那种迎合人的口味的教育，就开始去主动适应这些动机。这样，法国的教育好像在故意和自己的结构作对，它虽然也是具有民族性的教育，但它却将民族性的弱点反映了出来，这些弱点不敢公开在关于教育的社会舆论中表达——如果法国有教育相关的社会舆论存在的话。

当然，在英国，教育相关的社会舆论并不是由教育书刊形成的，而是形成于千百年来教育机构独立而强盛的发展历史，其中有些教育机构的历史甚至比诺曼底征服还要久远。历史只能自然而然地形成，而不能塑造；但是很容易发现的是，在很大程度上，那些独立而又饱含活力的教育书刊可以取代历史的一部分作用，并成为教育相关的社会舆论的、十分生动的喉舌。在英国，由一些古老的大学还有那些和大学联合成一个历史性社团的一些古老的中小学在千百年来独立发展的历史中所做到的一切，在美国则是通过各州政府目的性较强而又迅速地发展教育书刊、在社会上大肆传播各类教育信息、收集并公布关于公共教育的各种最细小的事实而实现的。这一切促成了关于教育的正确社会舆论的迅速的，几乎是突如其来的形成，并且让教育事业获得了社会切实地关心。随之而来的就是公共教育的迅速普及，公共教育的各个组成部分的迅速完善。教育的作用之一，就是通过信念对别人产生影响，以及对社会产生根本性的影响；而教育书刊就是让这种信念得以存在的手段。

第二章
关于国民学校问题

毋庸置疑，《2 月 19 日法令》只是一个基础，我们应该以此为基础，为我们所有的农村居民逐步建成全新的生活方式的大厦，因为别的所有部门也都在为农民制订着类似的法令。有一点用不着证明，那就是，在俄国这个农业国里，农村的居民是整个国家主要的、也是最为重要的组成部分，所以在我们这里，国家的福利主要是以农村阶级的福利为基础构建的，不过彼得大帝的改革至今也没怎么触及农村阶级，他的改革主要还是针对社会上层的。而目前这一阶级也朝改良和改革的道路迈进了。只有在我国的农村阶级也开始前进的时候，我们才可以说，整个俄国已经走上了文明的道路，这一点是毫无疑问的。这就是《2 月 19 日法令》对于整个俄国的普遍的、重要无比的意义，它可以将横在我们通向文明的道路上的最主要的障碍彻底消除。不难发现，随着农奴制关系的崩溃，过去我们的社会生活里面很多不可能实行的改良，目前都已经成为可行的了。然而可能性还不等于现实；在前进的过程中，重要的不只是将要有什么东西出现，还有这即将出现的东西是什么样的。

任何一种在人民的生活方式中所进行的本质上的、并非虚假的改良，任何一种本质上的改革，都应当以内在的、精神上的改革为基础，以产生于人民的精神生活中的进步为基础，因为巩固的外部改革，只能来自于这些精神上的改革中。为了让人民的福利还有其教育程度——这两者拥有密切的联系——可以获得真正的进步，只制定某些条例和规定——无论它们的外部标志怎样——都是远远不够的，一定要让人民的精神、人民的智慧及其道德感情赋予这些条例、规定、法律以生命和力量。

一个单独的人以及民族整体的精神发展和精神教育，并不是只由学校进行的，它们还在通过另外几个伟大的教育者进行：自然界、生活、科学还有宗教。但是也很容易确信，所有这些伟大的教育者对人的教导，要想对其产生潜移默化的影响，一定是要在人的心灵对此多少有些准备的情况下。

在一个有教养的聪明人面前，在一颗高度发展的心灵面前，自然界是能言善辩的，但是如果面对的是一个半野蛮的人，它却成了一个哑巴，因为这样的人像动物似的，只会服从自然界的影响，并不能从这种影响中吸取任何新的思想，或者获得任何新的感情。

诚然，即使是最不文明的人，也会被生活教会许多东西，但如果是受过教育的人们，却可以从最好的生活经验中吸取有益的思想；在弄明白是怎样一回事以后，能迅速控制自己的状况，然而如果是一个不文明、不开化的民族，世世代代的经验却被彻底忽略，没有产生任何作用：儿孙们依然重复着自己父辈和祖辈犯过的错误，并且因为这些错误而遭到损失，却无法发现这些错误；如果说只是借助于经验也可以获得一些发展的话，那么这种发展的速度，和在高度发展、自由的意识以及科学支配下的生活相比，就如同爬行的乌龟和开足马力的火车头相比差不多。这样的对比可能会让有些人想起一句谚语：欲速则不达。我们只能对这些人说，这个谚语只是反映了真理的一个方面，而却将它的另一方面忽略了，那就是与血液循环过快一样，血液循环过慢也会导致疾病。民族发展的运动，一方面应该和民族的力量相适应，另一方面也应该和时代相适应，因为现代的民族一旦落在整个历史进程的后面，那么遭受苦难就在所难免了。一个民族在人类整个历史生活中的现实作用，不只是它的对外作用，还是它内部福利的最主要的源泉之一。只有自觉的、明智的教育，还有合理的教学，才能让民族发展的速度进一步提高，因为它们可以启发民族的智慧，将自由赋予民族意识，并用各种知识来充实民族思想；但是如果只靠经验，即使花上几百年的时间，也不会掌握这些知识。

　　有不少人习惯于认为，少年时期所受到的所有教诲，以及整个学校教育，只能在人身上留下极少的痕迹，能够让他留下持久的、不可磨灭印象的，只有生活的经验教训，其实这种看法并不是完全正确的。没错，生活就好像用斧子砍东西一样，但是这把斧子如果砍到了坚硬的石头上，就会变得很钝；少年时期所受的教育和训练留下的痕迹即使十分轻微，也会留在还没有被充斥各种各样的印象的、比较柔和的心灵里。如果你在一棵小树的树皮上刻一道细痕，那么在这棵树长成参天大树之后，这道细痕就会变成一条宽大的裂痕，或者成为一个十分难看的赘疣；一只小鸟在一棵树的嫩枝上落一下就可能决定了这根未来的粗大而又坚实的树枝朝哪个方向生长，但是我们认为，这种方向的实现，是需要我们精心护理的。

至于说科学，从狭义的角度来说，对于那些没有学会怎么理解它的教诲的人们来说，永远是哑巴，永远是没有用的——这一点是毋庸置疑的。经常有人这样说，要利用书籍在民间传播某种学科的有用知识。然而，对于智力有了一定发展的人意义如此重要的书籍，与自然界和生活经验是一样的，不仅对不会阅读的人来说仍然是哑巴，对那些看完了内容后并不擅长从死的词义中吸取活的思想的人来说，也仍然是哑巴。我们可以确信，在童年时代没有接受一点明智的教育的人们，在听一个拥有渊博知识的人说话时，或者在阅读他的著作时，要么是完全理解不了所听到、所读到的东西，要么就是加上自己个人的，往往还都是离奇古怪和荒谬绝伦的意思，而且还会常常从中去寻找证据，来证实自己头脑中存在的那些偏见是对的，而不是去将这些偏见消除。不，对于那些连起码的合理教育都没有接受过的人而言，是不可能利用书籍来对他们进行教育的。

对于普通的老百姓而言，最具教育力量的是教会。它以自己充满了深刻含义的外部形状，可以说是从其外在方面将半野蛮的人给吸引住了，从而让其将自我意识提升到最高。它影响着人的纯真感情，并一点点地触及他的精神，但就是在这一方面，也只有初步的、明智的教育才可以让他具有足够的求知欲和智力，以便不只是停留在形式上，不将形式当成实质，并且不会只满足于外壳，而不深入到内核。如果一个人的智慧始终处于沉睡不醒的状态，他也可能虔诚地信奉道德高尚的宗教，而且可以过着问心无愧的生活，像一个多神教徒那样。这样，对于人民的宗教教育而言，初步的合理的教育就是人与教会之间的必不可少的媒介。这就是基督教在各国最初的传播者们为什么会对创办教会如此热衷。他们对自己传播的真理十分虔诚，同时对理性之光也并不害怕，而相反地却是唤起光明，因为他们明白，处在光明当中的人们所看见的只是真理。到了后来，当西方宗教界本身的信仰减弱，而且民族宗教成为实现五花八门的、毫不相干的目的的手段时，宗教界对教育的态度就开始转向敌对了。一个人只要知道本身是正确的、正派的，为什么会害怕光明呢？对于像基督教这样的宗教而言，愚昧无知的危害是最大的，因为它会让宗教在人的心目中变成盲目的崇拜。

不知道我们是不是已经向读者们证实了——但是至少是我们希望可以证实，一个民族的生活方式里无论什么持久的改善，农村居民文明的无论什么进步，都一定要以国民学校为基础，因为国民学校可以在我们的农村中发展合理的初期教育，让人们可以通过自己的视觉、听觉还有心灵，接受人类伟大的教导者——可以是自然界、生活、科学和基督教——的教诲。

我们认为，在农村设置国民学校，不仅是对《2月19日法令》的最有必要的补充，同时还是贯彻这一法令的第一个阶段；这一阶段能否实现，就由这一法令所决定；另一方面，它本身也是我们的农村生活方式中所有本质的、真正的（而不仅仅是表面的）改善的必要条件。《2月19日法令》将阻碍俄国人民向前发展的最大症结解开了；这一法令制定之后，建立农村的国民学校的问题就成了（至少我们是这么认为的）最具有国家意义的问题。

然而，在开始从事任何一件由于某种原因所以显得非常必要的事情之前，首先尝试一下，做成这件事具有多大的可能性。从理论的角度而言，人的思想是从可能性转化为必要性的，然而在现实中，却是必要性在敦促人们去寻找在我们的农村设置国民学校的可能性。

为了设置国民学校，一定要具备两个条件：第一，一定要唤起民众强烈的学习愿望；第二，一定要具备满足这种已经出现的强烈愿望的手段。

在我们的民众中，已经产生了强烈的学习愿望了吗？对于这个问题，没有经过实验是不可能予以解答的，不过至少我们亲眼在城市里所看到的发生的那些现象，让我们觉得，沉睡如此之久的这种愿望，早晚会有苏醒的一天，而且将以非凡的速度和力度苏醒过来。

如果说在部分地方开设各种新学校遇到了一些障碍，那么这种障碍决不是有学习愿望的人的缺乏。不管在哪里，只要开设一所学校，并且打开校门，用不了几天，学校一定能够被学生挤满了。如果说这种愿望还没有在我们有些边远地区的偏僻乡村中表现出来，那么毋庸置疑的是，《2月19日法令》以及随之而制定的其他部门关于农民的那些法令，一定会在各地迅速而有力地将人们除了自己学习外还让子女也接受教育的强烈愿望唤醒。不妨看一下这个法令——只要你擅长领悟这其中的言外之意，那么你能够在它的每一个条文中看出来，之所以必须建立国民学校，是为了让这一法令变为真正的现实，并真正地走进民众的生活中去；是为了让它所规定的权利能变成真正的权利，完全为人们的智慧和心灵所接受，从而有依法捍卫这些权利的能力和决心；是为了让人们的智慧和心灵接受那些必然与权利同时出现的义务，从而有去执行它们的能力和决心；也是为了让民众自己能够心甘情愿地沿着这条道路前进。不管我们的农民是怎样的缺乏见识，还是请相信，他很容易就会清楚，为了成为一名称职的村长或者乡长，更好地履行某种社会职务；为了成为一名有用的村社社员；为了方便和地主、官府、行政当局打交道；为了将现在农民所处的各种关系以及善于应对这些关系弄明白——就必须进行学习。请相信，《2月19日法令》将唤醒那些因为愚昧无知（在某种程度上是根据自己的实际经验）而现在还在否定学校的良好作用的农民，促使他们愿意付出最后一文钱，以便至少让自己的子女可以获得一点点新法令所带来的好处。

所以，我们有理由断定，我们的农村居民的孩子们已经具备了强烈的学习愿望，而且即便是最边远的偏僻地区的农民的孩子，至少也会马上就产生这种愿望，这已经是毫无疑问的事实了。民众需要学校——这是学校可能开设的主要基础。现在我们来想一下，我们是否具备满足这种需要的条件？

建立国民学校有两种条件：一种是物质条件，主要就是资金；另一种是精神条件，这种的代表就是人本身，这里就是指教导者，是教师。试问，民众是不是有开设学校的资金？我们是不是能为这些学校配备上教师？

至于说起学校的财务方面的问题，我们不妨再说一遍我们在别的地方已经说过一次的话。开办高质量的国民学校，这是一项最可靠的、最根本的、同时也是最有利可图的财政业务，因为高质量的国民学校就像摩西的牧杖能从毫无知觉的磐石中汲取活命水一样，能为人民开辟致富的源泉。它能为人民增加智力和道德方面的资本，这些资本甚至可以带来更多的利息；如果没有这种资本，别的任何资本就始终是死的。如果我们的人民要远远穷于自己能够达到的生活水平，如果他们自己有限的积蓄用到了不会有任何效益的事情上是常事，如果我们的土地能够提供的都不到它应该能提供的收益的十分之一，这背后毫无疑问是有许多原因的，不过其中最大的原因，也是最主要的原因，就是人们的受教育程度太低。人们每年要多支出多少钱啊，这些钱都是他们靠着艰苦的劳动才挣来的，这种艰苦的劳动并没有因利用教育而得到减轻，他们多花了这些钱的唯一原因，就是自己的无知愚昧！是啊，人们的无知愚昧让他们不得不付出如此昂贵的代价，以至于因为愚昧无知而只是在一年中白白花费的钱，就足够在俄国各地开办一批非常像样的学校，还够支付它们运营20年的经费，这一点是毫无疑问的。

如果说良好的初等教育是花费最大的资本，它可以让别的所有资本活跃起来，那么这里还有一个问题：现今，我们的人民能否承受得起花这些资本？开设良好的初等教育学校得要不少的钱；而且，即使在一个孩子的初等教育上所花的 20 到 30

卢布，会毫无疑问地在他的一生中得到上百倍的偿还，然而在现在，我们的农民是否有支付这 20 到 30 卢布的能力呢？

现在，我国不同地区的农民贫富悬殊。对于某些地区而言，承担几所质量高的学校开设以及维持其日常运行的开支，根本没什么困难；然而对于另外一些地区来讲，这却是个称得上沉重的负担；还有一些地区则根本负担不起这样的费用。当然，在今后很长一段时期内，某个拥有 10 户或 20 户人家的白俄罗斯小村庄还没有开办像样学校的能力，尽管这个村庄花在小酒馆里的钱是维持一所学校的钱的两倍，而且由于愚昧无知而付给各种各样的敲诈勒索者的钱，没准还比应当付给一位称职的教师的工资多——这样的教师可能会让居民们永远摆脱形形色色的敲诈勒索者以及小酒馆的那种后果极为严重的影响。但是如果说这样的小村庄承担不了一个像样的学校的费用，那么并不能由此得出这样的结论：在拥有三四百户人家的大俄罗斯或小俄罗斯村庄里也不应该存在这样的学校，因为这样的村庄在一次喜庆活动中或者到区警察局长和县警察局长那儿去献一次礼所花费的钱，就要超过维持一所最好的学校一年所需的开支了。我们过去的农奴向自己的老爷们所缴的租金是十分可观的，十分之一就足够维持一些拥有很好条件的学校的开支了。那些没有进入国库而落入包税人及其一大帮助手口袋中的钱款的三分之一，就足够在俄国各地开设好几千所学校了。

和维持一所高质量的学校以及支付一名优秀教师所花的费用相比，维持一个小酒馆的开支以及支付一个酒馆掌柜的工资要高得多。但是向税收机关所付的税只有这些吗？税务部门不断获得的所有这些数不清的财富是从什么地方来的呢？是从天上掉下来的吗？作为对人类有益的工作的奖励吗？这些财富都是取之于民的。

所以，如果说民众有维持那么多的小酒馆、酒馆的掌柜以及包税人的开支，并让其富裕的能力，却没有维持中小学及其教师、大学及其教授们的开支的钱，那是无论怎样都是讲不通的。民众缺少的并不是钱，而是开办学校的愿望和思想。通常来说，人们可以发现，现在民众手里是有很多钱的，而且在学校事业上所花的钱以后会百倍地得到偿还，他们是不会因此破产的。

如果说在现在人们很乐意接受免费教育，那么这里就有一个问题了：他们愿不愿意支付教育费呢？要想估算学习可以带来多少钱财上的收益，是需要实验、时间以及足够的文化水平的。这就是那些国民教育被视为是最重大的需要之一的国家在法律中规定让子女接受教育是家长的义务的原因。关于强制性教育的问题，在我们的一些书刊上曾经有一段时期提出过，但是始终没有得到解决。让人觉得奇怪的是，关于义务教育的思想，会招致我们一些进步杂志这样强烈的反对。它们看来是不喜欢"义务的和强制性的"这种字眼；它们也不明白，掩盖在这种字眼下的是一种最自由主义的思想。义务教育所强制的并非接受教育的孩子，而是家长，因为这种义务是要求他们让自己的子女接受教育。让子女接受义务教育是对家长专制的最公正的限制，与此同时，也是社会对个人的最公正的要求。无论是谁，只要有子女，就应该将自己的子女培养成一个对社会有用的人，让他们成为这个社会的出色成员。如果说一个国家的国民有负担军队、行政机关、司法机关、交通运输等部门的费用的义务，那么他们一样也有让自己的子女接受教育的义务，原因就是这也是国家的需要，它至少和国家的别的所有需要是一样的。阻碍基佐在法国实行义务教育的那些原因在我们这里是不存在的，但是假如基佐没有遭遇那些困难，那情况就更好了：这样一来，他所设想的很多改革措施，就不会只是设想了。新英格兰各州的政府要求所有的地区都应该根据本地区的居民人数情况开设一所学校，同时要求所有家庭的家长都必须将自己的子女送往这所学校接受教育——不应该指责这样的政府强制人民。子女们为什么要受苦，只是因为自己父母的愚昧无知？也许，将来我国是不需要强制性的教育的。愿上帝保佑！但是假如说普鲁士还很需要它（在那里不仅是有强制父母送子女到学校接受教育的法律，而且还经常动用这条法律），那么在我们这里，看起来也未必马上就会不再需要这种强制性的教育。

所以，我们认为，第一，我们的人民，像别的所有国家的人民一样，有让自己的子女接受教育的义务，就像他们有缴纳赋税的义务一样；第二，我国的人民正在形成一种要让自己的子女接受教育的强烈愿望，这样的愿望让义务的强制性有所缓和；第三，开设国民学校是一种最有利可图的财政业务；最后就是第四，现在我国人民已经有足够的资金（最贫穷落后和人烟稀少的那些农村不算）来在各地开设一些学校，并承担其日常维持的开支，所以现在在我们大量的乡村中开设一些设备齐全的国民学校的绝大部分条件都已经具备了——只差一个：国民学校教师的缺乏。

国民学校的教师是文明社会最晚出现的成果之一。这一点不只是在我国这样，在任何地方都是如此，高等学校的教授、学者和教导员，优秀的作家和艺术家先出现，然后才是国民教师的出现。所以，我们现在拥有数量如此之多的大学、学院、中学、中等师范学校、县立学校和教区学校，如此情况之下，国民学校和国民教师却很缺乏就一点都不足为奇了。这也是即便属于各个主管部门的学校已经很多，而我们却还在探讨开设国民学校必要性的原因，好像在我国根本就不存在这样的学校似的。然而这些属于各个主管部门的学校，并不合乎德国在裴斯泰洛齐之后所制定的关于国民学校的概念，所以它们并不是国民学校，而是出于各种各样的目的——有时往往完全跟教育方面的目的无关，而是在某种程度上为了满足自己的某种使命——而开办的学校：这并不是可以为人民的智力、道德的发展奠定牢固基础的学校。我们希望教育人民是为了我们自己的目的——这就是为什么人民那样不信任地看待我们所开设的学校。但是如果我们能从人民本身的利益出发而去教育人民，那么人民就会改变自己对学校的看法。在我们看来，在俄国整个辽阔的疆土上没有哪怕一所国民学校——我们这样说，并不是要责怪哪一个人，因为即使是在文明方面比我们古老得多的那些民族中，关于真正的国民学校的概念已经产生，然而即便在那些国家里，这种概念也才刚刚开始变为现实。此外我们还断定，我们的教育书刊不过是稍稍触动了关于俄国国民学校的概念，它离制定出这种概念还有很远的路。

　　说在我们的教育书刊中完全没有反映为搞清楚这一概念而作的尝试是不全面的，要是根据这一概念的重要性、多面性和迫切性而言，所作的尝试是极其少的。为了将这一概念搞清楚，得听取来自社会各阶层的各个方面的意见，而且所需要的积极支持，至少要不比农民问题本身低。不过当然，我们自己在这样的短文中作出将这一问题解决的尝试也是不可能的，我们只是想在这里声明，在我们看来，现如今，下面这个就是最重要、最迫切的问题了：俄国的国民学校应该是什么样的？应当怎样以及在什么地方设置国民学校？在国民学校里，应当开设哪些课程，以及应该怎样去教这些课程？这些学校需要的教师从哪里聘请？这些教师应该是怎样的教师？国民学校与社会、与总的教育管理机关之间应当是怎样的关系？等等。

　　按照德国已经制定的现成概念，从理论上将所有的这些问题解决，尽管有其有益的一面，但总体来说，还是远远不够的，因为如果有人想知道哪里应该表现出民族性的话，那答案毫无疑问：在国民学校里，而且有些在别的国家里是适用的和有益的东西，在我们这里却可能是不适用的，甚至是有害处的，所以在解决这些问题时，我国当前的条件是万万不能忽视的。

第三章
论儿童信念的培养

　　培养人做好精神上的准备，让他可以襟怀坦荡地与自己本身、与生活作斗争——看来尼·皮罗戈夫就是这样理解教育的主要目的的。不要把自己的信念、自己的思想强加于儿童，而是要将他对这些信念的渴望唤起，将他捍卫这些信念的勇气激发出来，让他可以免遭自己以及他人的低劣意向的侵蚀——按照我们的理解，这就是皮罗戈夫在写《生活问题》时所描绘的教育理想。但是我们想问作者一个问题：能够这样培养儿童吗？这是不是意味着只发展心灵的形式，而不给予其他内容呢？教育是不是不只是培养对思想的渴求，而且还应该给予思想本身？是不是不只是培养真挚的情感，而且还应该让这些真挚的情感具有内容——总而言之，是不是不只是培养获得真挚的信念的能力，还应该培养信念本身？应该培养人在精神上做好准备去进行斗争？这太棒了！但是我们中间的任何一个人本来都在斗争，但是在为了什么而斗争？用什么样的手段在斗争？为了实现怎样的目的？我们每一个人是不是都在捍卫自己的、也许连自己都还没怎么弄清楚的信念？可这到底是些什么样的信念？

　　……我们完全认同教导者不应该强加自己的信念给学生，因为这是一种最大的压制，我们所能想象到的：是拥有手段众多的成年人的理智对无能为力的、孤立无援的头脑的压制……然而在另一方面，我们也完全意识到了，如果不向孩子的心灵灌输任何信念，那么这颗心灵也不可能得到任何的发展。如果我们要将孩子培养成为十足的怀疑论者，那么我们就会向他们灌输一种最极端的信念——确认信念是不可能有的；我们就会腐蚀孩子的心灵，让它没有产生信念的能力；而这种产生强烈的、真诚的信念的能力，正是皮罗戈夫向教育提出的要求。于是，教育的最基本的问题将我们引向了道德哲学的最困难的问题：那种可以不损害任何真正信念的必要形式，即不损害自由的信念，应该是什么内容？

　　在这个问题上，教育与哲学科学之间的密切联系充分展现；而在我们国家中，有很多人却固执地不想将这种联系弄清楚。

第四章
劳动在心理和教育上的作用

　　科学已经将劳动的政治经济意义清楚地阐明，它在自然条件与资本之间的举足轻重的地位也早已划定。无论在什么地方，劳动的这种意义都可以一眼看清，对此我们无法再补充什么了。我们只是认为，在经济方面，劳动的地位应当在创造人类财富的另外两个因素——自然条件和资本——之上，而不应该和它们平起平坐。假如自然条件的存在并不取决于劳动，而且它可以产生有益于人的财富，那么也不应该忽视，人在揭示了自然规律并控制了自然的力量之时，就可以让它创造出某种全新的东西；而恰恰资本就是劳动的产物，这种劳动并不限于满足现在的需要。然而如果没有劳动，那么自然财富和充裕的资本就不只是会对人的道德和智力的发展，甚至还会对他们的财产产生非常有害的影响。

　　印度群岛的自然财富让人还处在赤身裸体、野蛮无知和软弱无力的状态；尽管西班牙人的先天素质十分完美，然而很多域外珍宝却把西班牙文明的强劲有力的萌芽给毁灭了；荷兰渔民被驱赶到荒无人烟的浅水滩，但是他们从海浪那里夺取了土地，从而为欧洲资本奠定了基础。

　　现在我们还能举出一些更加明显的例子，它们可以将劳动在各民族生活中的意义阐释出来。请将 100 年前的和现在的美国北方各州和南方各州进行一下比较。如果是独立战争前的不久，无论是自然条件、资本还是居民的教育程度方面，都是南方各州占据优势，而北方移民区拥有的优势只是美国流放犯顽强的，甚至可以说是狂热的劳动。运来的黑人让南方各州的居民完全告别了个人劳动的必要性——这导致了什么样的后果！一个小小的罗得岛州的教育经费，是所有处于奴役地位的各州的教育经费的总数的两倍！南方种植场主的存在本身，是以破坏基督教的根本教规为基础的，文明社会每迈出新的一步，都让他离毁灭更近一步，这是不可遏止的。他或者成了贩卖人口的捍卫者，成为无德、野蛮、愚昧、贫穷的捍卫者，并在这一非人的斗争中获得胜利；或者重新开始建设自己的生活。这样的状况，是多么的恐怖，多么令人深恶痛绝啊！这就是南方各州居民富裕的自然条件、并不是由于人的劳动而积累起来的大量资本，以及以轻视劳动为表现的缺乏教养所带来的后果。

　　然而非常明显的是，在这些例子中能够看出，个人不从事劳动，并不会因所生产的财富有所减少而影响到他人：西班牙在加利福尼亚和澳大利亚开采矿场，只会让它越陷越深。美国的种植场主还非常富裕，奴隶制度的捍卫者们还很强大；然而教育、道德、充满西方农场主简陋的住房中的那种活力，在南方各州由黑人的双手种植的豪华的种植场中，是再也没有的了。前不久，弗吉尼亚的居民们还用自己的侠义风尚来引起游客们的注意；而目前，这种侠义风尚已经不复存在，取而代之的是引人注目的粗鲁行为。华盛顿的同胞们在参议院中举起手杖来代替发言；如果某种场合无法证明自己的权利，那就采用贿赂的手段或者干脆动刀动枪。为了证明自己拥有买卖人口的权利，南方种植场主采取了极其残忍而又野蛮的行为。

　　不过还有一个例子更为合适，那就是罗马的历史，它表明为了发展和维护人的尊严感，对人来说自由劳动本身是必不可少的。可以回忆回忆那脱离了木犁转而充任执政官和全权执政官职务的罗马公民的性格，并把这种性格和图密善时代罗马的贪吃懒做者的性格进行一下比较——在图密善的那个时代，全世界都把最遥远的国家的最精致的产物送来了这个永恒的城市；在那个时代，不管是对罗马的达官贵人而言，还是对衣衫褴褛的罗马平民来说，不管做什么事，都被视为是不体面的；在那个时代，成千上万的奴隶不仅让古罗马的公民彻底不再拥有做任何事情的必要性，而且还让他们可以不思考任何事情的必要性，而大批的日耳曼雇佣兵又让他们不必亲自履行捍卫祖国的义务。至于这一时期的古罗马公民的道德尊严感，那就更不用说了：塔西佗所描绘的一些景象，甚至现在看来也依然难以置信。奴隶们让古罗马公民摆脱了劳动，从而让他们自己成了自愿的奴隶，无论是在以后或是以前，这样的奴隶都是历史上从来没有过的。但只分析到这里是还不够的：在这些时期中，哪个时期古罗马的公民比较幸福呢？是在他自己耕地、而他的妻子为他编织衣服的时候呢，还是当他只是一顿午餐就能将亚洲一些王国的全年收入吞掉，当没有了其他人的帮助他甚至都没法进食、思考和行走的时候呢？让我们感到惊讶、感到不可思议的对生活的冷漠态度，就像地狱中某个骇人的怪物那样，反映在了塔西佗所描绘的自杀的景象中。最近几个世纪罗马的所有生活，看起来仅仅是像昏暗的酒神节，这中间有着多少不幸和无法治愈的心灵创伤，多少奴颜婢膝、道德败坏，多少不是靠自己的劳动而挣得的财富，多少无法带来幸福的奢华。我们差不多可以得出这样的结论：罗马有多富裕，它就有多腐败，也就有多不幸。

西方社会的现状不是也在向我们说明，财富的增长还无法带来幸福的增长。相反地，我们不是随时随地能够看到，如果一个社会还不具备以自己的道德和智力的发展抵挡住不断涌来的财富的压力的能力，那么财富不仅对社会的道德，甚至对社会的幸福也会产生直接的破坏性的影响。

如果一个人能够发现一种每年为国家提供大量的钱财，可以从国外为全国公民购买最奢侈的生活所需的所有物品的方法，那么他就是在为国家帮倒忙。

如果人们找到了点金石，那么还不会有太大的不幸：因为金子可能不再会变成钱币。但是假如他们发现的是一个神奇的口袋，从中能够跳出心灵所希望得到的所有物品，或者发明一种机器，能够完全代替人的一切劳动——一句话概括，如果他们能一下子获得了技术人员和政治经济学家们所能达到的成果，那么人类的发展可能就此停滞不前，腐化堕落和野蛮无知就会控制社会，社会本身也会就此瓦解；这样，不只是人类知识的目录中可能会将政治经济学（如果到了那种情况，它还能有什么用）除去；随着个人不再具有劳动的必要性，历史本身发展也一定会陷入停滞。

前面我们分析了国家的情况，接下来我们再来看一看个别阶层的情况，观察一下它们是如何从产生到垮台的，我们就能看见一样的情况：无论哪个阶层，只要脱离了劳动——不管从事的是科学活动、商业工作，还是军事或文职方面的国家职务——这个阶层就会迅速丧失自己的力量和道德，最终并将其本身具有的影响丧失殆尽；于是它会迅速蜕化变质，并就此让位给另一个阶层，而力量、道德和幸福，也会随着劳动一起，转移到另一个阶层的人们里。

个人生活的不少例子也可以证明一样的情况：活在世界上的人只要进行过长期的观察，就有可能在他的记忆中找到一些创家立业和倾家荡产的实例，他可能也思考过这样一个奇怪的、周期性重复出现的现象好多次了。父亲——一个自己为自己开辟了道路的人——废寝忘食地埋头苦干，好让自己的子女不用再去从事劳动，最后终于给他们留下了足够多的财富，但是这些财富到底给子女带来了什么？它们往往不只是子女变成不道德的人的根源，不只是会葬送子女的智能和体力，甚至还会让他们成为真正不幸的人。所以，如果将凭借艰苦顽强的劳动为自己挣得财富的父亲的幸福，和挥霍这些财富、自己不用从事任何劳动的子女的幸福进行比较，我们就会发现，父亲要比他的子女幸福得多。其实，一个穷人一生都在劳动，为了让他的子女不再需要劳动，实际上他一生都在努力毁灭自己子女的道德，缩短他们的寿命，让他们不会得到真正的幸福！他从来都不想让子女接受具有实际意义的教育：这样的教育有什么用？——只要有钱就足够用了！他会说：就让那些没钱的人去接受教育吧。他没有想到的是，劳动和随之而来的幸福——它们会自己来找穷人；而富人则还一定要学会怎样找到它们。

从上面的所有这些例子中我们能够知道，人对大自然所进行的劳动，反过来又对人本身发挥着作用，这种作用不仅表现为满足人的需要和扩大这些需要的范围，而且还表现为人自己内在的、只有人才具有的、不以他所带来的物质财富为转移的力量。人的财产是由劳动所创造的物质成果构成的；但是，人的尊严的源泉，同时也是道德和幸福的源泉，只有一个，那就是劳动带来的生气勃勃的内在的精神力量。唯有个人的劳动，才可以对从事劳动的人产生这种生气勃勃的影响。劳动的物质成果可以被继承、被收买、被剥夺，但是生气勃勃的内在精神力量却不可能被剥夺，同时也不能被继承，也不能用加利福尼亚的全部金子来收买：它永远都是属于劳动者所有的。罗马和西班牙之所以衰退，正是因为这种劳动产生的隐形财富的缺乏，而不是什么丝绸、天鹅绒、机器、粮食或者酒类的缺乏，现在美国的南方各州也是一样的情况：一些阶层遭到蜕化，一些家族遭到毁灭，千千万万的人丧失了道德和幸福。

劳动的这种意义的根源，在于它的心理基础；不过在解释劳动的心理规律之前，我们还应该阐释一下我们所说的劳动到底指的是什么，因为一些向上层社会献殷勤的人也曾就劳动这个词的意义进行过解释，但是他们的解释是歪曲的，他们打着这个庄重的、正直的、光荣的旗号，掩盖了一些完全不庄重的、不正直的、不光彩的、不体面的行为。

我们所理解的劳动，是人的一种自由的、与基督教的教义相符合的活动；根据这一活动的绝对必要性，人们下定决心来从事劳动，好能实现生活中的这种或那种真正的人的目标。

"任何一种定义都是危险的"——罗马人曾如是说；而我们也并没有觉得我们所下的笨拙的定义就是完美无缺、无懈可击的，然而我们希望这一定义将成人的有理性的劳动一方面和牲口的工作还有棍棒逼迫下的黑人工作区分开来；另一方面，也和成年或未成年的幼稚无知的人们的消遣加以区分。机器和牲口可以工作，黑人也可以工作，但是黑人之所以在持续地工作，不过是因为害怕监工的鞭子，他并不指望自己的工作能带给自己什么好处：不自由的劳动不仅不能在精神上让人变得崇高，反倒会将人降低到和牲口一样的地位。只有当一个人自己意识到了劳动的必要性，从而主动地从事劳动的时候，劳动才有可能是自由的劳动；而被迫的、只能让别人获得好处的劳动，都会让从事劳动的人的个性遭到毁坏——准确地说，是进行工作的人的个性。那些仅仅考虑怎样花费从自己的资本中所获得的收入的资本家，是不从事劳动的。专门哄骗顾客的商人、拿别人的钱财塞满自己口袋的官吏、绞尽脑汁地在牌戏中弄虚作假的赌棍，都是在骗人。一个富人为了举行一场极为出色的舞会，为了在这上面将自己的朋友比下去，为了搭自己喜欢的那些象形小玩具，而弄得精疲力尽，但他这仅仅是在玩耍，而非劳动；他的这些活动跟孩子玩娃娃、象形小玩具还有小兵游戏一样，无论对他来说是怎样的费力，都算不上劳动。

一个守财奴为了让闪闪发光的金币装满自己的箱子而竭尽全力地工作，他这是在干一件丧失理智的事情，也算不上劳动。还有一些这样的绅士——他们的生活已经实在没有什么事情可干，于是就想出一些精神和肉体上的消遣活动，比如闲聊、打台球，或干脆就是在街上跑步，好让自己能够吞下一顿丰盛的早餐，并且能在午餐时间到来前重新获得好胃口；但是这样的劳动和罗马的那些贪食的人在进食时服下的催吐剂作用是一样的：在对新的享乐引起一种虚假的兴致的同时，它会同时损害人的心灵和肉体。劳动并非一种游戏，也非一种消遣，它从来都是一件艰苦而又严肃的事情；只有充分地意识到现实生活中的这种或那种目标的必要性，才能让人负起作为任何真正劳动的必要组成部分的那个重担。

真正的劳动必然是一种自由的劳动，因为其他的劳动是不存在的，也是不可能存在的；这种劳动对于人的生活具有的意义如此重大，以至于如果没有了这样的劳动，人的生活就会丧失所有价值、所有尊严。它不只是对于人的发展，甚至对于维持人已经实现的尊严程度来说，都是必不可少的条件。不亲身参加劳动，人就不可能获得进步，即使想维持现状也是不可能的，倒退是必然的。人的肉体、心灵还有智慧都要求劳动，而且这种要求如此迫切，以至于如果一个人在生活中由于这样或者那样的原因不能亲自参加劳动，那么他就不可能走上真正的道路，出现在他面前的只能是另外的两条道路——这另外的两条道路全是毁灭性的：一条是对生活强烈不满、忧郁消沉和无穷无尽的寂寞无聊；另一条则是自觉自愿然而不容易察觉的自我毁灭——走上了这条道路，人会迅速堕落到追求孩童般的任性和牲畜般的满足的地步。这两条道路中不管走哪一条，人的生命都会被死亡活生生地控制，因为劳动——个人的、自由的劳动——即生活。

"你要用辛勤的劳动为自己挣来面包"——上帝把人留在天堂的门外，并且将广阔的土地展现在他的面前的同时，对他这样说道。劳动完全成为人的本性——肉体的和精神的本性——的规律，也成为人在地球上的生活——不管是单独生活，还有社会生活——的规律；它还成为让人完善肉体、道德和智力，并获得尊严、自由、快乐还有幸福的必要条件。

对于人的发育及保持体力、健康和机能而言，体力劳动都是必不可少的——这一点是不需要证明的。但是脑力劳动对于人、体力和健康的发展，对于维持人体的正常状况的必要性，却并不是每个人都能清楚地认识到的。相反地，还有不少人认为脑力劳动会对机体产生负面的影响——这种看法是完全错误的。诚然，过度的脑力劳动是有害无益的，但是过度的体力劳动也会对机体产生负面影响。但是我们可以举出大量的例子，证明如果在进行体力劳动时心灵机能不发挥作用，那么也会对人产生负面影响。这种现象我们在一些工厂里已经屡见不鲜——在这样的工厂里，干活的人是机器的附属品，所以他们的工作几乎任何思考活动都不需要。而且也不可能不是这样，因为人的机体构造不仅已经适应于肉体生活，而且还适应于精神生活。相反地，任何一种脑力劳动在让神经系统发生作用时，就可以对血液循环和消化产生良好的影响。那些已经习惯了办公室的劳动生活的人们，和散步相比，适度的脑力劳动是更能让身体感到胃口大开的。脑力劳动当然不能让肌肉变得发达，但是神经系统的活动及其特别的敏锐性却可以将这一不足弥补。如果说脑力活动不能完全让人摆脱运动的必要性，那么它也可以将其大大地减少。那些不从事脑力活动的人，会对坐着工作的害处有非常强烈的感觉，这在那些在工作时不用付出非常大的体力，但是却需要坐着工作，并且几乎不需要进行脑力活动的手艺人身上表现得尤其明显。当成衣匠们苍白的、蜡黄的脸色映入我们的眼帘时，我们不禁希望缝纫机能够得到普遍的应用。

脑力劳动能有力地发展神经系统，而这种发展又能给人的机体带来非凡的生命力。我们在学者们中间可以找到很多高寿的人；而且那些习惯于脑力劳动的人在忍受气候的变化、恶劣的空气、食物的不足和缺乏运动等方面，并不比那些肌肉发达但神经活动软弱无力、萎靡不振的人差，而且往往要比他们强。这就是因为神经系统对人体其他系统的活动都具有极为重要的意义，人体所有机能的活动都有神经系统参与其中。

当然，假如体力劳动与脑力劳动在人的活动中可以结合在一起，那么这对人的健康是最为有益的了，但是这两者之间就未必要实现完全的平衡。人的天性是极为灵活的，它可以适应各种不一样的生活方式。一个人的脑力劳动在最大限度上超出体力劳动，或者反过来，这两种情况都会迅速成为习惯，而且并不会对人的机体造成损害；只有在这方面彻底走向了极端，才会导致非常大的危害。此外，在现在的社会情况下，很难想象会出现那种能让体力劳动与脑力劳动达到平衡的生活方式——让两种劳动中的一种只成为休息。然而如果对于肉体而言亲身参加劳动是必要的，那么对于心灵而言，这种必要性就更加迫切了。

谁没有体验过劳动对情感的生气勃勃而又令人振奋的影响？谁没有体验过人在长时间的艰苦劳动之后、体力全部消耗殆尽，太阳似乎显得更明亮，天空似乎显得更晴朗，人们似乎显得更加善良？就像因为晨曦微露，而黑夜的幻影会消失一样，寂寞、忧愁、任性、苛求——那些游手好闲的人们以及一些浪漫主义作品中描写的因为无所事事而觉得强烈痛苦的主人公们的一切通病——不会出现在劳动过后的人们那愉快而又安详的脸庞上。我们阅读某一部描写上流社会的小说，在读到不幸的女主人公——那种弱不禁风而又无所事事的人——因为莫名其妙的寂寞而感到烦闷的时候，我们每次都会想，如果女主人公被迫去从事某项劳动，这种烦闷就会自然而然地消失得无影无踪。小说家们尤其喜欢描写这种游手好闲的人，这是因为贪欲、苛求、任性和无法解释的痛苦的全部杂草在这里自由地滋长，而那种模糊不清的、无法经受现实之光的想象力，就在这些杂草中自由自在地驰骋。

然而人却非常容易忘记，他的那些特别快乐的时刻，是用劳动换来的，所以不愿意放弃这些快乐而再去劳动。他好像不知道这样一个永恒不变的心理规律：如果快乐不伴随着劳动，那么它们不仅会迅速地丧失自己的价值，而且会让人的心灵迅速地变得空虚，并且让他身上的所有优点一个接一个地消失。劳动就仿佛是一个套在我们向往永久而又平静的幸福的心灵上的笼头，它让我们觉得不快，但是如果这个笼头不复存在了，那么心灵的意向就会毫无约束，也就会迷失方向；而且如果心灵本来是热情而又高尚的，就会迅速堕入一个无底的深渊，那里充满了永远都无法消除的寂寞和忧郁消沉；如果心灵本来是渺小的，就会日复一日地、不知不觉地、悄然无息地陷入不值得人去操心的琐事的泥坑里，陷入动物本能的泥坑里。

在一个人脱离劳动以后，他马上就会有变换享乐方式的需要，而在这种需要出现时，每一个人都很容易亲身体验到上面说的这种不变的劳动规律。这种变换享乐方式的需要已经得到了证明，人是不可以只去享乐的。然而这种在心灵中抑制享乐的治标的办法本身很快就会将自己的力量丧失。一个人变换自己享乐的方式越频繁，那么其中任意的一种享乐方式能够给他带来的快乐就越短暂。这种变换的频率会越来越快，这是不可遏止的，最后就会成为某种使心灵迅速空虚的旋风。如果谁天生就只能沉湎在某一种享乐方式当中，那么他就会沦为这种享乐方式的奴隶，并且逐渐让自己沦落到非常屈辱的地位。虽然人们都在力求对自己的享乐方式规定某种限度和秩序，然而这必然是无济于事的，因为尽管有限度和秩序存在，这种享乐方式还是会迅速失去自己的价值，并坚决要求改变，或者其中一种享乐方式要求加强——因为它并不停留在一个程度上，于是就会将人引向心灵和肉体毁灭的深渊。比如吸鸦片、酗酒、玩纸牌、贪淫好色、沉湎于无聊的上流社会生活等习惯，都会有这样的作用。一个人可能会被这股旋风卷走——挣扎是徒劳的——直到他将自己心中最后一点人的思想和最后一点人的情感彻底丧失。

根据这条心理规律，享乐应该和劳动相平衡，这一规律对于任何一种享乐都是适用的，无论这些享乐是怎样的高尚，怎样的崇高。就举艺术欣赏作为例子吧：这是一种高尚的享乐，它的充分性和经常性也是用劳动换来的。只有那些将自己的一生都奉献给了艺术创作活动的艺术家，才能经常地、充分地、心安理得地欣赏艺术作品。然而他如果脱离劳动，如果他不再对艺术创作的规律进行研究，而只是对艺术作品进行欣赏，那么对他来说，这种享乐就会开始迅速丧失自己的力量，而且这种快乐最终会彻底消失。如果因为烦闷而将艺术欣赏作为一种消遣，那么这种享乐就会很快不再是一种享乐，而且还会很快地不再成为一种消遣。有些绘画和雕塑的狂热收藏家可能从欣赏开始，然而却以最无聊的虚荣告终；一幅珍贵的绘画作品，本来可以成为艺术家欣赏和研究的源泉，这个源泉是可以无穷无尽的，但却往往伤害了购买它的富人的心灵。欣赏诗歌、绘画、音乐以及雕塑作品，也许可以成为劳动之余的消遣，或者和人的劳动产生真实的联系；然而当它们成为无聊的任性要求的对象时，它们不仅会彻底丧失其对人的发展的力量，而且还会对人的道德和智力的完善产生消极的影响。

我们再来说说更高级的享乐，也就是人的最高水平的享乐。对人的心灵最高尚的意向的满足，以及舍己为人、热爱人类、爱国主义等功绩的建立，都不是以享乐为目的的，它们能让人得到的不过是短暂的幸福，这种幸福会像闪耀的火花一样，转瞬即逝。如果一个人想要从自己高尚的功绩中得到更多的东西，想要留住这迷人的火花，那么它不只是会马上开始黯然失色，而且还会在熄灭之后，让臭气四溢的虚荣和庸俗不堪的自满情绪充满人的心灵。而如果一个人不顾一切地强行想让正在熄灭的快乐不消失，那么将会得到一个更坏的结果：他可能停留在不断欣赏自己虚假的或者甚至是真实的美德的水平上，变成一个最令人厌恶的人、一个最没有用处的人，在道德上不可挽回地将自己给葬送了。

但是我们以一种最安宁同时也是最持久的享乐——家庭幸福的享受——作为例子，我们也能够看到，如果没有劳动，想得到这种享受是不可能的。

有这样两个年轻人，命运赋予了他们一切——除了从事劳动的必要性，以及为生活找到劳动的可能性。这两个人都非常漂亮，非常富有，非常善良，非常年轻，并且还非常聪明；他俩陷入了热恋，并且热烈地希望自己委身于对方。他们最终实现了自己的愿望。他们沉浸在无与伦比的幸福之中。然而，这是一种持久的幸福吗？可惜，它是极为短暂的！心满意足的激情很快就会变得淡薄，于是在享乐的同时，寂寞无聊的感觉就在不知不觉地产生了。

妻子是上帝作为丈夫的助手而创造出来的，然而如果丈夫自己什么事情都不去做，那么妻子应该在什么地方来帮助他呢？这样一来，妻子不可能完成自己的主要使命，于是婚姻的意义本身也在一点点地消失，爱情也在一点点淡薄：无论夫妇俩怎样力求挽回，它的反应却都越来越微弱，最后就彻底消失了；但是在人的整个漫长的一生中的每一分钟，心灵都在不停地要求获得幸福和快乐。在这样的情况下，夫妇俩都开始左顾右盼，去寻找家庭生活之外的快乐，于是他俩很快就会被上流社会的旋风刮到不同的方向。孩子出世了，但是即便母亲不照顾他们，也会有别人照看他们：保姆或者家庭教师。而父亲又能够为孩子做些什么呢？孩子们来了，就爱抚他们一番；觉得厌烦了，就赶他们走——就是这样的。但是心灵在漫长的日子里，年年月月，每时每刻，都在不停地需要生活，需要幸福！夫妇俩都无法在配偶身上找到幸福，于是就会去别的方面寻找：女方就讲究穿着打扮，去参加各种舞会，阅读一些可以激发寻找幸福情绪的小说，卖弄风骚，寻找新的情感，寻找新的爱情；而男方则去参加各种酒宴或者俱乐部的活动，骑马、玩纸牌、结交女舞伴；再往前迈一步，婚姻的神圣性就会不复存在，他们那个来之不易的玫瑰花环就会被撕得粉碎，抛在地上，被在泥水里踩来踩去，被永远地遗忘。无所事事的人们因为强烈的情欲而结成的所有姻缘，就是这样的命运。你可以在这些夫妇结婚五六年之后再去看看他们，你简直无法想象出来他们是因为热烈的爱情而结合的——看不见一点点爱情的痕迹了！而如果是在普通的农民家庭里，丈夫选择妻子的标准是只要能干活，而妻子选择的丈夫只是他有养家糊口的能力；但是你往往会在这样的家庭里找到更多的感情，夫妻之间有更多的依恋之情。他们一起劳动：他们是平等的、和睦的，像套在车上的一对马一样，共同开出他们生活道路的犁沟；这样，所有的口角和算计，就会因为每天都不得不进行的共同劳动而消失得不见影踪。劳动让他们结合在一起，神圣地维持着互相同情的微弱火花，并且安全地引着这朵火花越过所有的口角，甚至越过夫妇之间彼此可能施向对方的恶行和罪行——从教堂开始，一直引向墓地：圣经中上帝指定妻子为丈夫的助手的那种说法充满了如此深刻的含义，每天我们都可以看见可以证实它是正确的例子，所以假如我们不想成为瞎子的话，那么就必然会深信，没有劳动，没有认真的、具有实际意义的劳动，家庭的幸福就仅仅是浪漫主义的空想而已。如果我们在某一部小说中读到两个无所事事的人彼此之间如何产生了强烈的情欲，而这种情欲后来又如何促使他们喜结良缘，我们真的想问个问题：这以后怎么样了？萨克雷的一部滑稽短剧接续了瓦尔特·司各特所描绘的景象，让我们对艾凡赫和罗文娜的家庭生活有所了解，作家只有在对心灵有了深刻的了解，并且敏锐地观察了生活中处处都能遇到的一些现象之后，才写得出来这样的作品。

但是这还不够，如果丈夫为了获得生活所必需的资料而从事劳动，而妻子却并不为他分担劳动，而只是享受他的劳动果实，那么在这种情况下，也不可能存在家庭的幸福。因为懒惰而一辈子都躺在玫瑰铺成的床上休息的女人，是法国小说家极其荒谬腐败的想象力的产物。在时髦的上流社会中十分流行的这种对女人的理解，不管是对于女人，还是对于男人，都是带有一定侮辱性的。

这样，在列举只有人才得以在世界上体验到的所有愉快感觉的同时，我们能够发现很多快乐，但什么地方都找不到幸福，因为理想中的那种不是能降低而是能提高人格的十分完美而又无穷无尽的快乐，被人固执地称为幸福，然而世界上是不存在这样的幸福的。一个人在他的一生中即便积聚了再多的快乐，这种快乐都不会是幸福。这不过是人们执着地追求的那个不可捉摸的幻影的翅膀上掉下的浮尘。劳动代替了人因罪孽而失去的幸福；对于人而言，除了劳动，就没有别的幸福。劳动是人在世界上唯一能够享受的幸福，也是唯一应该享受的幸福。创世主从人类历史的开端就将这盏灯点燃了，向我们的人世生活投来了颤抖的、微弱的光；然而如果熄灭了这盏灯，那么所有的一切就会笼罩在黑暗当中。快乐像受到灯光招引的金色的小飞蛾那样，飞舞在这盏灯的周围；灯燃得越亮，聚集在它周围的小飞蛾就越多；但是如果熄灭了灯，那么这些金色的小飞蛾就会变成凶猛的鸟儿，一瞬间就会将心灵的宝贵财富洗掠一空，让心灵成为绝望和空虚的牺牲品。

可能读者不禁要问，这说的都是些什么呀？这是想要说明什么问题？这是要宣传游手好闲是万恶之源这样一个最基本的真理吗？但是由某一位深入地思考了人的生活的希腊智者第一次说出的这个基本的真理，难道对于我们而言，已经变成了难以理解的空洞的话了吗？从什么地方能够看出，我们在写作中已经用厌了的这个基本的句子，已经作为适用于我们每个人的深刻而又永恒的真理而被我们理解了吗？难道我们不是通过我们的所有愿望中表明，这个真理还没有深入到我们的心灵中去，我们还没有相信它是真理吗？

我们中间是不是还存在非常多的这样的人——他们并没有将财富视为是能够什么事情都不做的令人羡慕的特权，也没有将劳动视为贫穷的令人苦恼而且甚至有损尊严的属性？谁不想让自己——至少是自己的孩子——可以过上悠闲的生活？儿童的教育本身不是将他们中间的大部分人置于低于他们的独立地位吗？我们见到的只是将教育视为谋取钱财手段的人还少吗？富人们是不是将教育视为寻求劳动——并非消遣，也非点缀，而是具有实际意义的劳动——的手段？

教育本身如果希望人可以获得幸福，它就应当不是单纯地培养人去谋求幸福，而是培养他准备从事生活中的劳动，无论是谁，越是富有，就越应该接受更高的教育，因为对于他而言，要找到将幸福藏在行乞的背囊中惠顾穷人的那种劳动实在困难。教育应当培养人从事劳动的习惯，培养对劳动的爱，它应当让他可以为自己找到生活中的劳动。但是现在的教育是不是这样的呢？

不是有很多母亲努力想为自己的女儿规划安闲的生活吗？有的人心甘情愿将自己心爱女儿的青春、美貌还有一颗火热的心，出卖给她们十分清楚不会对她们产生任何爱情的人，以此来为她们换取过悠闲生活的权利——这样的人我们见得还少吗？

"在这个世界上能够看到一种弊病，"《旧约全书》中的传道书这样说道，"对贪财的人来说，他所收藏的财富是种祸害。"只要稍加观察就可确信，在 19 世纪的世界上，这种弊病还有呢。不管是针对个别人的教育，还是针对整个民族的教育，都应该和这一弊病进行斗争。一个人将要获得的财富越多，他就越应当做好道德和智力发展方面的准备，好让自己可以经受住自己财富的考验。

我们可以注意一个衣衫褴褛的农民，他用脏手擦去自己疲惫不堪的脸上的汗水，他早已冒雨搬出了沉重的木犁，从清早起，他那双穿着树皮鞋的双脚就已踩遍了湿透的田地；他浑身上下都湿透了，脸上的热汗和秋雨冰冷的雨滴混在一起，双手因为劳累而显得十分瘦削；他面带愁容，满脸皱纹，皮肤黝黑，这些皱纹和他用木犁在田地里开出的那些犁沟真的很像——这是时光悄悄刻在他脸上的特征；他汗流浃背，满身是泥。然而如果对他的脸部表情，对他的疲惫而沉思的眼神进行仔细观察，那么你就能从中找到一种饱含人的尊严的表情，这样的表情，你永远都不会在穿着熊皮大衣在自己的店铺旁悠闲地溜达的掌柜那张白皙而光滑的、有着像克里米亚苹果那样的红晕和像缎子那样的光泽的脸上找到。因为无所事事，这位精力旺盛的老爷在和同自己一样已经发福的邻居玩耍起来：那只从那个店铺向窗外张望的肥胖的公猫，它的目光倒比掌柜的更富有理性！

但是无论仅用一把木犁来为自己获取糊口之粮的农民是多么贫穷，无论他的劳动是多么艰苦，也无论这种劳动获得的报酬是多么的微薄，当他经过一天长时间的劳动回到自己的家里时，劳动就会像这个劳动日的正在落下的太阳那样，以金黄色或火红色的光辉笼罩在他的家里那些等待他归来的、少得可怜又非常简陋的物品上。农民的精神生活即便十分简单，但它还是真实存在的，而且在他的精神生活中，有很多真正的人的优点：他热爱自己的家庭，星期天高兴地点起蜡烛，在神像前进行祈祷；遇到了乞丐，就掰下自己的一片面包分给他，或者从靴筒里掏出装着用艰苦劳动得来的 3 个铜币的肮脏不堪的钱包。

　　然而你是不是认为穷人理应获得更好的命运？如果你将一把金子抛给他，那么他立刻可以摆脱必要的自由劳动，这时你就能够欣赏一下迅速发生的变化。

　　你看到了这个变得臃肿无比的坏蛋吗？他那油光锃亮、毫无表情的脸庞，他那因为肥胖而成了一条线的眼睛闪烁着狡黠、无耻，并且在你这位高雅的人士面前流露出低下庸俗的、阿谀奉承的眼神，都让你认为他既像你的奴才，又像一个穿着红衬衫的地方官，还像一个你很熟悉的旅店老板，或者像你印象里的那个坐在酒店柜台后的百万富商，还没准像你的某一位朋友。这就是上边说的那个农民：他变得狡猾了，与此同时，他也变得愚蠢了；他成了一个贪婪而又十分残忍的人，干起了掠夺民众的勾当，并且对自己过去的同行无比地蔑视。他努力地攒着每一个戈比，虽然在他的那个包裹着铁皮的大箱子里已经堆了不少的银卢布；他将自己的羽毛褥子铺在这个大箱子上，自己就在上面睡懒觉，等待中风。他完完全全陷入了喜鹊的本能，这种本能应当被医学列入最不可救药的那种精神失常的名单；每一个新攒的戈比，都会让他的心灵增加一个新的缺口，让他的内心无可挽救地陷入一种令人厌恶的病症——尤维纳利斯描述这种病症十分恰当："对金钱的酷爱的增长，与财富本身增长的速度一样。"人啊，永别了！剩下的不过是一个满是脂肪，还有吮吸金钱功能的肥大皮囊。

谁观察过平民百姓的生活，谁就会知道，这种变化规律是怎样的无法避免，一个不再需要继续亲身从事体力劳动，而又没有体验过脑力劳动的艰苦的农民，会怎样迅速地变得残忍冷酷起来。他的肉体由俄罗斯的火炉，由俄罗斯的严寒中孕育出来的顽强天性，会持续不断地产生新的力量；这些力量因为没有在劳动中消耗，就会转化成淹没掉他的眼睛、心脏和脑子的脂肪。

还可能有另一种变化出现；在我们看来，这种变化丝毫没有第一种好：一个突然变富裕的农民，如果他是比较开朗的性格，他的心灵相对高尚一些，他就可能将劳动完全放弃，开始过上所谓的吃喝玩乐的生活。在这样的情况下，他的身上很快就会失去人的面貌：脸上的肌肉松弛，脸色发青，嘴唇红得像火，而浑浊的双眼透露出他心灵中具有无法排解的郁闷。

这两种以如此明显的形式在平凡的生活中表现出来的变化，也会出现在更高的层次——在高得多的层次中！形式不一样，然而含义是一样的。

如果精神力量——可以将人的自由活动提高到比过去的劳动具有更多的精神因素的新的严肃劳动的那种精神力量——不是与可以满足自己的需要和要求的那些物质资料同时增长，那么不只是人的道德尊严，而且连他的幸福也要跟着他的财富增长而减弱，无论他是给原有的资本添上新的资本，还是将它们消耗在了享乐当中；也无论被他享受的东西是质量不太高的白酒或者香槟酒，是著名的芭蕾舞剧还是奥尔洛夫大走马。只有人的精神需求和他的财富一起增长，只有物质和精神领域在他面前一起扩大，财富的增长才会对人没有害处。这里的重大差别在于，那些发了财的农民所需要的，是钢琴、书籍、绘画作品，还是美酒和精致的呢绒；他是打算让自己的子女接受良好的教育，还是给自己找一个情妇；激励他去从事新的劳动的，是扩大自己社会活动范围的愿望，还是再在自己的大箱子里添一千个卢布的愿望。这就是为什么至少在关心怎样生产天鹅绒、精致的呢绒和质地良好的细纱布等这类政治经济学方面的事务的同时，还应该对民众的智力和道德发展加以关心，对他们的教育加以关心，否则这些细纱布还有天鹅绒就并不能让幸福增加，反而会减少。但是如果不是为了让幸福增加，那么所有这些工业方面的杂七杂八的东西还有什么用呢？当然并非为了给政治经济学家和统计学家带来统计工厂和商品货色数量的快乐。最近一段时期以来，一些奢华的东西在所有的阶层中迅速蔓延开来，并让某些统计学家、政治经济学家和企业家十分乐于接受，也可能极其迅速地将人们的道德和幸福吞噬掉。奢华让工厂得以发展，而工厂又让奢华得以进一步发展；资本家的资本越积越多，而不是资本家的却竭尽全力，甚至债台高筑，也要让自己在奢华方面不致被资本家甩在后面：他坐在自己天鹅绒的圈椅里，一边旋转，一边思考着，如何才能搞到一幅天鹅绒帷幔；每一个独立的生产单位对于资本的需求在愈益增长着，但是独立生产单位的数量却越来越少——一个大工厂将成千上万个小工厂吞并，将一些独立的厂主变成了按日计算报酬的工人；一个人因为肥胖而变得愚蠢，而另一个人却因为贫穷而变得粗野；一个人为财富所葬送，而另一个人却因为极端的贫困而成为机器；这两者都接近动物的状态了，而因为工业的发展而时刻不断地造成的新的需求，又让不满于现实生活的人越来越多。社会经济的发展，如果不以社会的内容和形式的精神和道德发展为基础，那就会这样进行。

上帝就是如此确定了在外部自然界中以及在人身上——在人的肉体、心灵和智慧中——所存在的自由劳动的规律。创世主在指使人从事劳动的同时，让劳动成为体力、道德和智力获得发展的必要条件，并且让人的幸福本身置于一定要受个人劳动支配的地位。在惩罚自己所创造的人时，创世主又在怜悯他们；在让他们死亡时，又将新生命的种子播下了。

"去劳动吧！"——他和人说，而这句话恰恰让人的堕落天性的全部不足和他的人世生活的所有优点表现了出来。劳动成了大地之子的特征，他堕落的标志和取得进一步完善的指针，他虚弱无力的证据和力量的保证还有大自然套在他身上的锁链，同时也成为人手中用来将肆虐的大自然制服的笼头，他受奴役的印记和自由的标记；生活和幸福本身都成了劳动，但是只有在劳动中，人才既找到了生活，又获得了唯一让他受之无愧的幸福。

我们不准备在这里将从劳动的这种心理意义中产生的所有结果一一指出——它们是数不胜数的；我们只是想说一下和教育事业有直接关系的那些结果。

　　我们这个时代有越来越明显的重商主义倾向，不仅深入到了所有的社会阶层，深入到所有的生活领域，科学和教育领域也不例外。所谓的"古代经典文献"，也就是哲学学科和历史学科，已经明显地为一些工业学科所取代，这些工业学科的目的在于唤醒人的物质需求，并寻找可以让这些需求得到满足的手段。前不久还在欧洲的智力教育中发挥十分重要的作用的哲学，现在已经退居次要的位置。在将自己的优点完全失去之后，科学就努力迎合生活，由此成为工业的奴隶；而在过去的时候，科学抛给工业的，不过是自己丰盛餐桌上的一丁点儿碎屑而已。然而如果说工业可以对科学发挥引导的作用，那么工业自己又将沿着谁的足迹前进呢？它将将人引向什么地方？

　　难道只有在乘着轮船或火车迅速迁移时，在通过电报一瞬间就可以接到天气预报和商品价格的信息时，在磨损尽可能多的最厚的花呢和最精致的天鹅绒的情况下，在吸掉数不胜数的芳香诱人的雪茄、吃掉数不胜数的发出臭味的乳酪之后，人才可以最终见到自己人世生活的使命？当然并非如此。如果可以让一个人享受到一切这些福利，那么你就会发现——他不仅不会成为一个更好的人，而且甚至也不会变成一个更幸福的人；他将会是这样的下场：要么觉得生活本身是个累赘，要么迅速降低到与畜类雷同的地步——两者肯定要有一样。这是一条道德上的公理，无论谁都无法摆脱。人的本质内核，他的永生精神，需要另一种养料；如果这种养料得不到，那么就会要么变得极为贫乏，要么彻底离开了人。一方面，只有用人心去解决世界上的所有问题的宗教，另一方面，也只有在最高的、无私的哲学意义上的科学，才可以在人世间为人的永生的精神找到养料。正是这个原因，无论哪所学校，只要忘记了"不要仅仅为了面包而活"的格言，而只是教人怎么样去追求物质生活——无论这种生活是多么的讲究，也无论为了可以过上这种生活需要获得多少知识——它都没有完成自己使命的可能：它并非引导人怎样走向生活，而是从一开始就将人引入歧途。无论哪所学校，首先应该使人见到自己身上所具有的最宝贵的东西，让他认清楚自己是永生的事物中的一个微粒，是人类在世界上获得精神发展的生气勃勃的工具。如果不能做到这一点，那么所有实际知识——即便人对这些知识的研究已经达到了极其详尽的、极其精确的程度——都不仅不能给人本身带来任何益处，还会相反地给他带来明显的害处；即使这些知识可以让人成为社会结构中有益的机器，然而它们往往也存在让人成为社会结构中极其有害的机器的可能。

对于教育学而言，产生于劳动的心理意义上的另一个同等重要的结果，在于这样一条规则：教育除了应当发展人的理智，传授给他一定范围的知识，还应该让他燃起强烈的从事严肃劳动的渴望，因为如果缺少了这种强烈的愿望，他的生活就既不可能有意义，也没有可能幸福。对劳动的需求，就像我们已经见到的那样，是人与生俱来的；但是这种需求能够变得异常强烈，也能够越来越弱，这就要看客观情况是怎样的，而且尤其要看人在儿童和少年时期受到的影响是什么样的。

为了让人能够真心实意地爱上严肃的劳动，应该首先培养他严肃的生活态度。有的教师打算为孩子们将科学这颗苦药丸外表涂上一层金黄色，于是就让教学甚至全部的教育工作带有一些诙谐色彩，但是我无法想象，还有更违反真正的教育目的的做法了。近年来，所谓知识界中的几乎所有阶层的谈吐本来就都被诙谐的色彩控制了；在客厅里，甚至是在友爱的家庭小圈子当中，严肃认真的谈话本来也已基本成为不可能的，或者至少是成为某种古怪的、不怎么体面的东西了。那些有学问的人们或者自认为有学问的人们，都在竭力用十分诙谐的口气谈论着最为严肃的东西，他们交谈的话题也一定是十分微不足道的东西——某种新的服装式样或者某些玩纸牌时发生的事情，在社交场合也不可能严肃地谈论这些事情。不只是严肃的谈话，甚至是关于生活的严肃认真的见解，都被视为是不够体面的，所以一个人在遇到另一个人时，第一反应就是要竭力装出诙谐的样子。还没有离开课桌椅的上流社会的青年人或者接近上流社会的青年人，好像对认真地谈论他们受到了一些什么样的教育十分害怕；他们谈话时模仿成年人的腔调，而且觉得关于自己的老师还有自己所学的科目并没有什么好谈的，他们唯一允许自己谈论的，就是那些和烟卷和手套有关的类似话题。

我们并没有打算深究在社交场合这种对诙谐的追求是怎么产生的：是因为长期以来在我们的社会生活中缺乏各类严肃认真的需求呢，还是因为至今还在培养我们的上层社会巨擘的法国教育影响了我们，或者甚至在某种程度上是因为文学界普遍有的一种过于粗俗的幽默倾向——我们不过是想说明一点：这种影响力非常大的讲究诙谐的风气不仅无法维持社会关系，而且具有极大的破坏作用——让社会上所有合理的内容消失。

合理的教育应该和社会的这种令人遗憾的倾向进行斗争，还要让青年人对生活真正具有严肃的观点。只有教育 7 岁以下的幼儿，才可以采用游戏的方法，而这以后的教学，都应该显示出教育应有的严肃风格。那种过于苛求、过于严峻的态度我们不去谈论，然而就算是过去的那种过于苛求的、令人讨厌的傲慢态度所导致的危害，也小于被扭曲了的、自我嘲弄的流行教育学所带来的危害。现在，往往有人担心科学的严肃神色会吓到孩子，然而孩子会学会轻视科学，甚至有点儿鄙视科学才是他们更应该加以担心的。胆量会随着时间的推移而产生，但是如果在儿童的心灵中播下了轻视科学的种子，会导致极为严重的后果。有的年轻人还没有学习多长时间，却已经学会了轻视学习；他们对在学习中所受到的教导加以嘲笑，而只听取上流社会的教导——这样的年轻人我们不是随处可见吗？这一切到底是如何产生的呢？诚然，教师对自己所教的科目应该用严肃认真的眼光看待，并用严肃认真的态度谈论，而且在着手进行自己的工作时应该对它的重要意义有一个充分的认识；不过只是做到这一点还远远不够，还应该让学校的校长、家长本身以及孩子周围所有的成年人，都能对孩子在教师的帮助下为经历人类所经历过的伟大道路而作出的努力表示尊重。

应该像害怕火、害怕毒药一样，害怕孩子的内心深处会出现这样一种想法：他学习只是为了想方设法哄骗自己的主考人，只是为了谋得官职；而科学不过是一张进入社会生活大门的入场券，只要守门人让你进了大厅，就应该把这张入场券放在口袋里或者扔掉，忘掉就行了，因为进入大厅的人就算没有票，或者拿的是伪造的票子或者别人的票子，都能以同样的高傲态度去观看。然而请读者们坦率地承认，在生活中，你们有没有遇到过对学习的这种态度？

在进行学习和接受教育的年龄段，学习和教育应该成为人的生活中的主要兴趣，然而为了实现这一点，应该让受教育的人置身于良好的环境之中。如果儿童或青年人周围的整个环境都在诱使他摆脱学习，将他拉向彻底相反的一面，那么教师为启发他重视学习而作的所有努力，都将是白费力气。

在所有富有的、属于上流社会的家庭中，教育常常收效甚微，也正是因为这个，在那些家庭里，孩子从乏味枯燥的教室中脱身后，就匆忙地准备参加儿童舞会或者家庭戏剧表演；一些过早地控制了他的少年之心的有趣得多的事情在那里等待着他，他或者还会去爸爸的书房，大人们正在那里一本正经地聊着新的走马游戏；在那里，放在原处的语法书和历史书，就像是放在豪华客厅里的乞丐草鞋一样不合适。教师在这样的家庭中的遭遇是非常不幸的：即使没有对他公然嘲讽，但至少也不会被尊重，而且尽管彬彬有礼的假象将这种不尊重给掩盖住了，但是孩子们迟早还是会发现，所以他们也就很快会清楚，学业还有教师其实不过是为了孩子们而存在的，而对于大人们而言却有某些更好的东西。不过在一些普通的家庭里教育却在无比顺利地进行着，因为这样家庭里的家长们将教育视为光明，他们为自己丧失了受教育的机会而感到遗憾，所以就希望让自己的子女接受教育。然而这样的家庭为数不多：将教育视为谋取职务和物色有钱的未婚夫的手段，视为走上社会舞台的通行证的数见不鲜。

然而，教育不仅应当启发学生尊重劳动，并且热爱劳动，还应当培养学生养成劳动的习惯，因为严肃的、具有实际意义的劳动通常都是十分艰苦的。可以采用多种方式来培养学生的劳动习惯，我们下面就列举其中的几种方式。

无论哪门学科的教学，都要通过这样的方式进行：要让学生所承担的劳动量，刚好是年轻人的力量可以胜任的。医生医治病人，其实只是在为他的自然机体提供帮助；同样，教师也只是应该在学生掌握这门或那门学科方面，为他与困难作斗争提供帮助；并非去教他，而只是去为他的学习提供帮助。这种辅助式的教学方法一个最主要的优点，就是它在培养学生养成从事脑力劳动习惯的同时，还既能够培养学生养成克服劳动中遇到困难的习惯，又能够养成感受由这种劳动带来喜悦的习惯。对于人而言，脑力劳动未必不是一种最艰苦的劳动。幻想是轻松而又愉快的事，但是思考——却是十分费力的。不只是在儿童身上，在成年人身上我们也总会发现一种懒于思考的习性。小孩子宁愿从事体力类的工作一整天，或者坐在那里看同一页书，并机械地背诵它，这样就可以一连几小时不动脑筋，也不愿意认真严肃地思考几分钟。不仅是这样，对一个不习惯脑力劳动的人而言，即使和强度最大的体力劳动相比，认真的脑力劳动也是更容易让他感到疲劳的。可以用神经体的活动及其力量（对于节约体力而言，这种力量付出了很高的代价）的恢复的生理规律来解释这种现象，然而如果说在脑力劳动中并不怎么需要过分地消耗人的力量，那么也务必要让它们不至于减弱下去，务必要让它们习惯于这种劳动。人的肌体应当逐步地、有节制地养成从事脑力劳动的习惯。这样做，就可以让它养成轻松的、对健康没有任何损害地坚持住长时间的脑力劳动的习惯。养成了从事脑力劳动的习惯，对这种劳动的爱，或者说得更准确点，对这种劳动的渴求也就能培养起来了。一个人如果已经习惯了脑力劳动，那么在不从事这种劳动时都会觉得苦闷，就会主动去寻找它，而且确定无疑的一点是，他可以在时时处处找到它。

在这方面，学生的休息是可以进行极其有益的利用的。脑力劳动之后的休息，根本也不意味着什么都不做，而可以换一件别的事来做：比如在脑力劳动后从事一下体力劳动，这种休息不仅是愉快的，而且还是有益的。德国的一些寄宿学校对这样利用休息所带来的益处的理解就非常正确——在这些学校里，课余时间，学生们十分乐意做一些专门安排的事情，比如搞内务、清理教室、整理花园或菜园、装订书籍、学习木工或车工的手艺，等等。这些活动不应该和学生任何正当的爱好相冲突，只有做到了这点，活动才可以成为真正的并且有好处的休息。当然，根据年龄的不同，也应该给予游戏的时间；不过为了让游戏可以成为真正的游戏，就应当注意，千万不能让孩子玩过了头，并且还要让他逐渐养成为了工作，即便不强迫，也可以毫无困难地停止游戏的习惯。最重要的一点是，一定不能让学生养成奴才般地打发时间的习惯——手里没有什么事可干，脑袋里没有什么事可想；因为人的头脑、心灵和道德都会在这种时候受到损害。而在很多寄宿公共学校中，这样地打发时间的现象是十分普遍的；不少家庭也是这样，做完功课后，儿童和青年人实在不知道自己应该做些什么，于是就一点点地养成了消磨时间的习惯。这种养成于少年时代的习惯，以后又在社会当中得到了丰富的补给，因为社会也在千方百计、齐心协力地为怎样才能更好地消磨时间而操心，仿佛人拥有了实在太多太多的时间！

但是不只课余时间，即便是在课堂上，学生们往往也可以学着消磨时间。教师在上面讲解着新课程，而学生清楚新课的内容能够在书本里找到，于是就只是眼睛看着教师，而实际上他所讲的内容一句都没有听进去。一个教师同样的内容已经是第二十遍讲解了，他自然而然地不可能还带着那种吸引学生注意力的振奋精神讲解，与此同时，他也没有什么方法可以帮助自己感受到并维持这种注意力。他所关心的，只是让自己的大部分学生可以将他教的学科掌握好，而通过什么样的途径来掌握——这对他而言是根本不要紧的。第二天，教师向一两个、两三个学生提问功课，而别的学生在这个时候都觉得自己根本没有什么事情可做。有的侥幸的孩子就这样将整个一礼拜里大部分的日子度过了，就此养成了一连几小时什么事都不想、什么事都不干的习惯，这是一个极其不良的习惯。只有在大学里才能指望自己对所学的课程感兴趣，并且津津有味地讲述它（就算是在大学里，这一点也并非总可以做到），而在中学和小学里，期望学生自己醉心于所学的课程是不太可能的，但是应该有一种办法，教师让自己所有学生的注意力都处在兴奋的状态。这不管是对教师，还是对学生而言，都是难以实现的，对此我们并不否认，最好可以将上课的时间缩减一半。不久后，我们就将尽力阐述几种在课堂上吸引学生注意力的方式，不过在这里我们仅仅是想说明，每一位教师都不应该忘记，他最主要的职责在于培养学生习惯于从事脑力劳动，而且这一职责的意义甚至要高于传授学科知识本身。

所以，教育应当不遗余力地努力，一方面创造学生在世界上找到有益的劳动的条件，另一方面还要激发他主动地、孜孜不倦地渴求劳动。一个学生将来的生活越富裕，他就越不会预见自己会由于迫不得已而感到对劳动的迫切需要，他也就越应该扩大自己对世界的见识，因为对于任何一个了解了人的生活目的，并且知道了同情人类的需要的人而言，都可以在这个世界上找到有益的、非常令人尊重的劳动。一个人越是富裕，就越应该接受更高的教育，而且他接受的这种教育，也更多地应是精神和哲理方面的教育，以便让他可以为自己找到合意而又合适的劳动。而对一个贫穷的人而言，劳动会自己找上他的：只要他愿意去完成它就可以了。

劳动的机会和对劳动的爱——这是穷人和富人都可以为自己子女留下的最好的遗产。

无疑，劳动是个重担，但是如果没有这个重担，人的尊严就不可能和幸福结合，而这原来是可以实现的——任何人想要获得只有从事劳动和肩负重担的人才有希望享受的安宁平静的生活，那么他就应该去主动承受这个重担。

第五章
论习惯的培养

　　我们之所以这么详尽地探讨习惯，是因为我们认为对于教育者而言，我们天性中的这一现象极其重要。教育如果能够充分地弄懂习惯和熟巧的重要性，并且以习惯和熟巧为基础建筑自己的大厦，那么它就会将这座大厦建筑得牢固无比。唯有习惯，才可以为教育者创造条件，将他自己的某种原则融入学生的性格中去，融入学生的神经系统还有天性中去。有句老话这样说的，习惯就是第二天性，这句话也是有一定道理的；不过我们还要补充一句，即这里所指的天性，应该是服从于教育艺术的天性。如果教育者擅长控制习惯，那么习惯就会为他创造在自己的工作中持续取得进步的条件，让他不至于多次重新开始建筑自己的大厦，而是将学生的意识和意志集中在获得新的、对他有好处的原则之上，因为原来的一些原则已经不再让他觉得困难，已经成为他的天性——他的无意识的习惯，或者是半无意识的习惯。总而言之，习惯可以说是教育力量的基础，还是教育活动的杠杆。

　　不只是在性格的培养方面，而且在智能教育以及用必要的知识来充实人的头脑方面，习惯的神经力量（仅仅是以另一种形式——熟巧的形式出现）的意义都十分重要。毫无疑问，任何一个曾经教过儿童阅读、书写还有科学原理的人都发现了，在进行这样的教学时，学生从练习中所获得并且以反射的、无意识的或者半无意识的动作的形式在他的神经系统中逐渐扎下根来的熟巧，会发挥多么重要的作用。熟巧的重要意义在进行阅读和书写的教学时会自然而然地显现出来。在这种情况下，你就会不断发现，从孩子理解什么东西该怎样去做（该怎样发音或者该怎样写）起，到他可以轻松而又出色地完成这件事情，需要的时间很长；你同时还会发现，如果不断地练习同一件事情，那么这件事情就会逐渐不再具有自觉和自由的性质，而半无意识或者完全无意识的反射的性质开始显现，从而使孩子的意识力量能够在其他的、更为重要的精神过程中应用。当孩子还得辨认用某个字母表示的某个音该怎么发，并且还要思考怎样将这些音连起来发时，他就没法做到同时将自己的注意力集中到所阅读的材料内容上。同样的道理，当孩子开始学习写字，思考每一个字母怎样描绘，自己的意志就都在教师所要求的手的不习惯动作上耗费的时候，他也没法将自己的注意力和意志集中到所抄写的材料内容上，集中到意思的联系还有书写规则中，等等。对于孩子来说，只有在阅读和书写已经成为机械式的习惯动作，成为无意识的反射以后——只有到了那个时候，孩子一点点摆脱出来的意识和意志的力量，才可以用在获得新的、更高级的知识以及技巧中。正因为这一点，最新的教育学虽然对之前那种只是为了培养儿童无意识的熟巧，而丝毫没有触及其智力的经院式的教授阅读和书写的方法表示反对，然而它在某种程度上所陷入的那个极端也是不正确的。在阅读和书写的教学过程中，当然一定要开展智力活动；但同时无论怎样也不应该忘记，初期教学的目的，还是将阅读和书写的活动转变为无意识的熟巧，以便让儿童掌握了这种熟巧后，可以将自己有意识的心灵力量摆脱出来，用在别的更高级的活动当中。在这个方面，就像在教育学的别的各个方面一样，真理处在不偏不倚之中：阅读和书写的教学不应该只是机械式的，但是与此同时，无论如何也不应该忽视机械式的阅读和书写。要使合理的阅读和书写教学可以尽量让孩子获得发展，但是与此同时，还要让阅读和书写的过程本身可以通过练习的方式，逐渐成为无意识的、不随意的熟巧，从而让孩子的意识和意志从中摆脱出来，用在别的更高级的活动里。

　　甚至是在掌握数学这门最自觉的学科的过程中，熟巧也发挥了极大的作用。当然，数学教师首先应当关心的是，让学生充分地理解所有的数学运算方法，随后他应当关心的则是要利用这种频繁的运算练习，让它成为学生的半自觉的熟巧，从而让学生面对解高等代数的习题时，不至于再在回忆初等算术的运算方法上耗费了自己的意识和意志。一个学生在解方程式的时候，还要思考乘法表，是非常愚蠢的做法，尽管乘法表当然也是不应当机械地学习的。这就是在清楚地理解了某种数学运算方式后，必须马上大量地练习这一运算方法的原因，就是为了将这种运算变成半自觉的熟巧，并尽可能地让学生的意识摆脱出来，用在新的、更为复杂的数学复合运算当中。

我们可以从对习惯的有机特性的清楚理解中引申出很多的教育规则，光是这些规则，就足够编成一部相当厚的书了。如果正确地理解了习惯，并且考虑这一情况（这样的情况非常多）非常成熟，那么这些规则就可以很容易地、自然而然地引申出来，因此我们在这里只是简单地说一下，能够通过哪些方式让习惯扎根，又能够通过哪些方式将习惯根除。

根据上面所说的这些，通过某一种活动的重复——一直重复到在这一活动中开始体现出神经系统的反射能力，重复到神经系统中已经形成对这一活动的趋向——习惯才算是扎根了。所以，反复多次地进行某项活动，是形成习惯的必要条件。这种重复的次数，尤其在一开始的时候，要尽可能地多，不过同时还要注意到神经系统的一个特点：既会疲劳，同时也能恢复自己的力量。如果活动重复得太频繁了，以致神经的力量没有充足的时间恢复如初，那么这只能刺激到神经系统，而无法形成习惯。活动的周期性，是习惯形成极其重要的条件之一，因为在神经系统的所有活动中都可以很明显地看到这种周期性的表现。在这方面，合理地分配学生的作业和一天的时间的意义就非常重要了。我们自己也可以在自己身上发现，一天中的某一个时刻会怎样引起我们正是在这个时刻所形成的无意识的习惯。

如果我们总在学习某门课程，而且学习非常长的时间，我们好像就会不耐烦了，不想再学下去了，似乎会就此停滞，不会再有进展；但是如果丢下它一段时间后，再拿起来学一学，就会发现自己已经获得了相当大的进步——我们会发现，原来好像还没有牢固掌握的东西，实际已经牢固地掌握了，原来好像非常模糊的东西，现在已经变得非常清楚了，原来觉得非常困难的东西，已经变得十分容易了。因为神经系统具有的这种特性，就一定要在教学活动中安排一定的休息时间，一定要有假期。但是新的学习时期，一定要以复习学过的东西开头，因为只有经过复习，学生才能彻底将之前学过的东西掌握，并感到在自己身上产生了可以继续学习下去的力量。

从习惯的特性中能够自然而然地得出这个结论：牢固地建立习惯是需要时间的，就像播种在田里的种子生长也需要时间一样，所以如果教育者急于求成，那么他就可能反倒根本建立不起来。

无论哪种牢固的习惯的建立过程，都是需要消耗力量的，所以如果我们在同一时间里建立好多个牢固的习惯和熟巧，那么我们就可能要自己影响自己了；比如学习外语的过程中，熟巧的作用很重要，然而假如我们同时教学生几门外语，那么我们就是自己在阻碍学生的成功了。当然，进行语言的比较研究，可以为智力的发展带来极大的好处，然而如果我们想要的不只是智力的发展，而是真正地掌握一门语言，还有培养实际的熟巧，那么我们就应该在一门外语掌握之后，再去学另外一门，而且要先拿第一门外语和我们的母语进行比较，然后才能将第二门外语和我们之前已经取得了较高技巧的那门外语进行比较。在我们的中学当中，外语学习成绩不佳的最主要的原因有两个，一个是在让学生同时学习几门外语，甚

至在这之前连母语还没有学好呢；一个是安排各门外语的课程
时间都一样，所以学习每门外语的学时都不多，两次课中间要
隔上三四天。如果我们可以将我们的中学里为学习各门外语
的学时数安排分配得更合理一些，第一门外语学完再学第二
门，而且每天都要进行学习，以防忘记——总而言之，如果我
们在为外语的学习分配时间时，能够将熟巧形成过程中的器官
和神经的特性考虑进来，那么在我们所拥有的同样的设备条件
下，我们的学生就会取得更大的成绩。然而现在我们却在用一
种熟巧去破坏另一种熟巧，并且同时在追好多只兔子。

　　这一点是不用说的，我们在学生身上牢固地培养起来的习
惯还有熟巧，不仅应该是对学生有益的，而且还应当是他们所
必需，好让他们在具有某种习惯或熟巧之后可以利用它们，而
不是将它们作为不需要的东西而丢弃。比如如果高年级教师
毫不在意低年级教师在学生身上牢固地培养起来的习惯或熟
巧，还更糟糕地用一些新的、与之相对立的习惯或熟巧去将其
根除，那么就没有培养起坚强的性格的可能，有的只能让它们
受到损害。正因为如此，在一部分学校当中，教高年级的时候
没有注意学生在低年级时做了些什么，而且大量的教养员和教
师之间，没有形成任何共同的教育倾向和教育传统的密切联
系——这样的学校是无法具有任何教育力量的；正因为如此，
那种根本没有明显特点和深刻传统的教育是无法培养出坚强性
格的，指望那些性格软弱又不稳定、思想和行为总在变化的教
育者培养出性格坚强的学生是永远都不可能的。此外，也正因
为如此，在没有特别迫切的需要去采取新的教育措施的情况

下，有时候继续采取原来的教育措施，倒是比另搞十套要好一些。

如果我们想要在学生身上牢固地培养起某种习惯，或者是某些新的熟巧，那么我们也就是想要让他能够形成某种行为方式。我们应当周密地考虑这种行为方式，并将其用简单明了而又尽可能简明的规则表达出来，然后要求学生予以坚定不移的执行。但是在同一段时间内，应当尽可能少地制定一些规则，好容易学生执行，也容易教育者对执行情况进行监督。不应该制定那种无法监督其执行情况的规则，这是因为有时违反一项规则，会导致违反别的各项规则。我们的天性不只是能获得习惯，而且还可以产生获得习惯的倾向，所以要是一种习惯能够得以牢固地建立，那么它就可以为建立别的同类的习惯创造条件。一开始应该让孩子习惯于服从两三项容易实现的要求，别因为要求太多还有难度太大而让他的独立性受到限制；这样，你才会确信，孩子会更容易服从你新的决定。如果一下子就拿出大量的规则来要求孩子，那么你就是在逼着他违反这些规则中的一个，所以你想让他养成的习惯也就无法在他身上彻底地扎根，于是你就会将这一伟大的教育力量的帮助丢掉——如果真的是这样，那就是你自己的错误了。

在牢固习惯的形成过程中，无论什么事物，其作用都不可能与榜样的力量相比，所以如果儿童周围的生活本身是杂乱无章的，那么想让他们形成某些稳固而有益的习惯就是不可能的。在学校里，初次确定某些规则不太容易；但是一旦将它们在学校中牢固地建立起来，那么那些新入学的儿童见到大家都在坚定不移地遵守某种规则，他也就不会反对，相反地，还会迅速养成对他有益的习惯。从这一点能够看出，教育者的频繁更换，会对教育产生多么有害的影响，尤其是在不可能指望他们在自己的工作中将遵循同样一些规则的情况下，更是这样。

只有像在英国那样，教育者不得不服从于教育方面的社会舆论，还有他自己在受教育时所接受的传统（即对于每一个英国学校而言，或者至少是对于这些学校中的一个全年级而言是共同的传统）十分对立的情况下，才可能指望每一位教育者都遵循同样的一些规则。不只是在英国的学校里，在国外任何一所学校里，只要仔细地观察，都能够发现一些沿袭自学校还是信奉天主教的西方世界共同的宗教机构的时代、宗教改革的时代、第一批学校事业改革者出现的时代的规则和方法。总而言之，西方的学校完全是公共的，它是历史的产物。这种历史性将教育力量赋予学校，无论教育者更不更换。另外，如果教育者们本身是从同一所师范学校里培养出来，并且这所学校在源源不断地培养出教育者，那么也可以对他们在教育方向上的一致性有所指望。德国的所谓中等师范学校就有这种作用，但是如果教育者缺乏某些方面的素养——既没有接受过历史方面的训练，又没有接受过专业方面的训练；如果教育者们更换，而且还是频繁地更换，以致同一个学校里的每一个教育者都在使用自己的新方法，那么在这样的学校里，甚至在某个国家的一切学校里，都没有形成教育力量的可能；它们进行某些教学活动是可能的，但进行什么教育活动是无论如何都不可能的了——这没什么无法理解。

教育者不只是经常有必要让一些习惯牢固地扎下根来，而且也有必要经常将一些已经形成的习惯根除。后者要难于前者，所以它需要更为周密的思考，同时也需要更大的耐心。按照习惯本身的特性来看，它的根除要么是因为缺乏养料，即这一习惯所引起的那些活动不再进行；要么是因为形成了另一种与之对立的习惯。考虑到儿童生来就有持续活动的需要，如果想要将一些习惯根除，就应当一起采用上面的两种手段，即应当尽可能将由不良习惯而引起的活动的任何缘由排除，同时再将儿童的活动引向另一个方面。如果我们在根除孩子的某一种习惯的同时没有向他提供新的活动，那么他就会自然而然地按照旧的习惯活动。

在儿童的正当活动始终占据支配位置的学校里，不少不良的习惯会自己减弱甚至消失；而在那些奉行兵营式制度、只是表面上秩序井然的学校当中，不良习惯会在这种秩序的掩盖之下迅速发展并且增多，因为这种秩序既无法吸引，也无法激发儿童的内心生活。

在想要将某种习惯根除时，应当搞明白这种习惯是怎样产生的，然后再采取行动去将它产生的原因，而不是它产生的后果排除。比如孩子身上滋生了说谎的习惯，是因为过分地溺爱他，因为对他身上已经养成的自尊心、自我夸耀和自我欣赏的愿望和言行，给予了不应有的赏识——在这样的情况下，就应该将事情安排得能让孩子不想自吹自擂，或者让人们不再相信他的谎言，还感到可笑，而不是惊讶，诸如此类。如果说孩子之所以养成说谎的习惯，是因为过于严厉地对待他，那就应当用温和的态度来对付这一习惯，他出现了一些过失，也尽可能减轻惩罚，而只是对说谎给予重罚。

有的教育者对习惯所固有的特性不了解——它是逐渐地发展起来，也是逐渐地消失的——所以想要根除某种习惯的他们往往会采取急于求成的做法，这种做法可能引起学生对这种强制他违背自己天性的教育者的憎恨，让学生成为诡计多端、城府很深、不说真话的人，并且让习惯本身成为一种癖好。正因为如此，教育者常常装着仿佛没有发现什么坏习惯，指望新的生活和新的行为方式可以一点点地感化儿童。在孩子具有很多根深蒂固的坏习惯的情况下，可以彻底更换孩子的生活环境——让他去别的地方居住，并置身在另外一些人当中，这样的做法往往会收到不错的效果。

不少习惯是带有传染性的，所以有些寄宿学校的这种做法是很不好的：对新生的习惯还不了解时，就把他安排和老同学一起了。

但是如果我们想要把从习惯本身的特性中自然而然地产生出来的一切教育规则全都列举出来，那是不可能的，因为太多了，所以我们将这件事交给教师去做。接下来，我们再来说一下另外一个重要的问题。

所有的牢固地培养起来的习惯，都应该是合理的、必要的、有益的；而所有被根除的习惯，都应该是有害的——这是自不必说的。但是这里又产生了这样的一个问题：是需要将应当树立起来的习惯的好处或者应当根除的习惯的害处，解释给学生们听呢，还是只需要学生履行那些用来树立或根除某种习惯的规则就可以了？这个问题应该按照学生不同的年龄和不同的发展情况，用不同的方式进行解决。当然，最好的做法是能让学生认识到规则的合理性，然后用自己个人的意识和意志来为教育者提供帮助；但是有很多的习惯，却应该在孩子处在还无法向他们解释清楚某种习惯的好处或者害处的阶段，就树立或者根除。在这样的年龄阶段，孩子应当对教育者绝对地服从，并以这种服从为基础来履行某种规则，从而养成某种习惯，或者将某种习惯根除。用什么以及以什么方式来实现这样的服从，并让其发挥应有的作用——我们将在关于意志的章节中阐明这个问题，在这里，我们只打算顺便谈一下奖励和惩罚在形成或根除某些习惯的过程中所发挥的作用。

毋庸置疑，孩子任何因为害怕受到惩罚或者因为想受到奖励的行为，就已经是不正常的、有害处的行为了。当然，可以这样来对孩子进行教育：让他从自己生命的最初阶段就习惯对教育者的无条件服从，不需要惩罚或者奖励他。当然，以后也可以想办法让孩子依恋我们，让他能够只是因为爱而服从我们。然而即使我们意识到惩罚和奖励的性质是有害处的，假如在当前的教育状况下，我们就认为惩罚和奖励的手段可以彻底摒弃了，那我们就成了空想家。医生不是总为了治疗那些可能对身体危害极大的疾病，而不得不给病人一些有毒性的、对身体有害的药品吗？只有在医生有无毒的、可以实现治病目的的药物，但是他不去用，反而用有毒性的药物来治病的情况，我们才会去对这个医生进行指责。比如一个孩子沾染了贪懒的习惯，而教育者不对他的懒惰进行惩罚，不对他的劳动予以奖励，就不可能让他克服贪懒的习惯；在这样的情况下，如果教育者不采取这种手段就错了，因为这种手段的不良影响是会一点点消失的，然而已经形成的贪懒习惯，如果不加以制止，就会迅速发展，并且导致极为严重的后果。再比如，孩子因为害怕惩罚或者想要得到奖励而从事劳动（这当然是不好的），但是却由此养成了劳动的习惯，从而让劳动成了他发自本性的需要——在这样的情况下，劳动将让他的意识获得新的发展，于是也就不再需要奖励和惩罚了；而它们的不良后果也将在自觉的劳动生活的影响下逐渐消失。

我们于是看到，在牢固地培养学生某些习惯的同时，教育者也在让学生的性格朝着某种方向发展，有时这种做法甚至是不以学生的意志和意识为转移的。然而有人会问，教育者有这样做的权利吗？俄国的教育学已经及时地向自己提出了这个古怪的问题。

目前我们没打算来回答这个问题，因为我们在以后全面地谈论教育的权利时，还要说起它；我们现在只是从习惯这个角度来回答这一问题，而且我们的回答差不多是全部引自一位苏格兰的最有经验的教育家的话。

"习惯是一种力量——"杰姆斯·居利说道，"对于这种力量，我们无法要求它存在或者不存在。这种力量，我们能够正当利用，也能不正当地滥用，但是无法避免它的影响，无法阻碍孩子身上形成一些习惯：孩子能够听到我们在说些什么，能够看到我们在做些什么，所以他们会模仿我们，这是不可避免的。成年人对孩子的本性没有影响是不可能的，所以最好对他具有自觉的、合理的影响，而不要让所有事情的发生都是偶然。"

如果我们眼下来观察一下俄国的教育，并且从我们在谈论习惯及其作用时力求建立起来的那种观点出发，那么在这方面我们能够发现的，差不多都是缺点，尤其是在我们的非宗教学校里（不管是走读的，还是寄宿的），更是这样。而我们的教会学校则拥有独立的历史：这些学校是因为社会有这样的需要，自然而然地发展起来的，它们凭借以这些学校的精神教育出来的毕业生来更新学校的人员，所以就具有自己独立的历史以及教育传统——总而言之，是拥有自己的教育特点和教育力量的；这种特点和力量持续不断，同时将自己良好的和不良的方面在学生的性格当中明显地表现出来，并且代代相传下去。不过这种力量是将引向良好的一面，还是不良的一面，那就是另外一个问题了，我们不打算在这里解决这个问题，不过无论怎样，它都毕竟是一种力量。

而我们的非宗教学校根本不是产生于社会的需要，而且也不像西方那样，被教会所保护；它们主要是一种行政机构，这样的机构并非发展自民族的历史当中，它们拥有自己独立的年鉴（并不是历史）；在发展上，它们缺乏连续性，频繁地发生变动，而且这些变动还都是互相矛盾的。在我们的那些非宗教学校中，甚至在整个国民教育事业中，我们所取得的进展是微乎其微的，我们频繁改变教育的基础，对教育的实际要求也在频繁变化，所以教育这座大厦的地基也总在重新奠定，认为原先所做的所有工作不只是有缺点的，甚至是完全错误的，是有害的，所以即使是在彼得大帝去世150年之后的现在，在非宗教的教育事业中，在整个国民教育事业中，我们差不多还是停留在最初阶段；直到今天，我们还在这样地问自己：它到底是不是需要？

在非宗教的学校里这样缺乏历史传统、这样频繁地改变教育原则和教育的基本意图的情况下，就别指望在这些学校、在学校的教育者和学生身上能够找到某种明显的共同特征了。

在大学里哲学方面的学科被取消了，几乎没有什么学校开设心理学课程，在某些学校，教育学在被马马虎虎地讲授着，不过是装装门面；虽然师范学院有一些，然而在师资力量严重匮乏的那段时期，这些学院曾经被迫关闭过——在这样的条件下，我们都没有制定出任何应当在现在成为社会舆论的财富的教育规则，不管是在科学领域，还是在生活领域，都是如此，而且到现在也没有能将这件事弄清楚：我们到底想要把俄国学校的学生，培养成什么样的人？

不仅这样，我们甚至还没有努力实现让10岁的孩子在学校里只拥有1位教育者，而不是拥有10位教师；我们甚至也没有努力实现让12岁的孩子可以运用他在10岁时所掌握的知识，并可以让过去学到的东西得到补充和发展，而不是丢掉或者忘记它们。我们甚至没有努力让自己的学校与社会生活联系在一起，没有把民族性格中值得移植和发展的部分移植到学校里，并使其在那里获得发展，然后再反过来利用学校来影响民族的性格。

我们的学校中有这样一个十分普遍的现象：在同一个班

级，某一门学科的教师在往某个方向拉，另一门学科的教师再往另一个方向拉，而第三门学科的教师却往第三个方向拉，因此就算他们大家都觉得还有考虑基本的教育原则的必要，也无法做到看法一致；而校长注意的不过是表面的秩序，掩盖在这种表面秩序下的，却是杂乱无章的、形形色色的教育方式。由于公共教育处在这样的状态，我们的学校虽然还勉强能对学生开展教学，促进学生的智力得到发展，但在年青一代性格和信念的形成方面，却丝毫影响都没有，而是对这件事情彻底地听任偶然，甚至不将他们的生活中可能用得上的熟巧和能力传授给学生们。这样的学校还可以培养出一些表面上成熟的、具有一定知识的人，但是想培养出严以律己的、具有基本信念并开始形成性格的能干人才却是不可能的。在这种情况下，就连我们的一些杂志对年青一代的影响，也比我们的学校大得多——这就不足为奇了。

在这里分析怎样摆脱这种可悲的状况并不合适；不过如果有些人想通过表面上借用外国学校的某种规章制度的简便方式，来改变这种可悲的状况，那么这只能说明，在我们国家，甚至是那些自认为在这方面是专家的人，到现在对教育及其心理和历史基础的考虑，也是非常不够的，如果以在学校中普遍开设任何一种古典语言的课程这样的简便方式，就可以让我们的学校具有现在它们缺乏的那种持久的历史和教育特性，那真的是太好了。然而十分可惜的是，这是根本做不到的，因为任何一门学科的教学，都不可能将这种不幸的状况改变。我们的一些古典语言的爱好者的依据只是外国学校的教育搞得比我们好，而且大部分外国学校里都在教授古典语言；然而，外国学校在教育上的优点，就因为开设了古典语言课？——他们并没有将这个问题搞清楚。

对外国的那些坚持主张在自己的学校里教授古典语言的教师，我们是完全理解的，甚至对他们的做法还有些赞同。西方认为教育领域中这一守旧的因素是合理的，它可在我们上面已经说的那个以心理学为基础的规则里为自己找到辩护的理由，即在教育工作中，与新的措施相比，任何一项老的、已经根深蒂固的措施往往都占据明显的优势地位，这是因为于它是老的，是已经根深蒂固的，因此也就具有一定的教育力量，而新的措施即使想要获得这种力量，却还需要非常长的时间；所以，在教育事业中，守旧思想（当然，这里指的并不是那些愚蠢的、没有任何意义的守旧思想）比在别的任何事业中都显得更加正常一些。但是难道我们会努力将古典的因素纳入我们的学校，从而让自己变成守旧的分子吗？显而易见，在西方，不只是所有生活都是在古典的基础上发展起来的，而且哪怕是现在，知识分子阶层中的整个成年一代，也在从自己的祖先那里接受了古典的教育；因此那里所有守旧的教师都因为理解到传统对于教育工作的一切重要意义，而坚持主张在自己的学校里教授古典语言，这是顺其自然的事；而在我们国家，这就是新鲜事物，而不是守旧思想了。显而易见，在西方，古典语言的教授早已形成了普遍的学校形式，因此，在那里任何一个受过中学或大学教育的人，都能够担任这些学科的教师；也正是因为这个，很多小心谨慎的教师就坚持保留这一早就根深蒂固的学校教育形式。但是在我们这里，当我们因为打算同时在大量的中学里开设古典语言课，而被迫大量地招募这些语言的教师——不管在哪里，也不管这是些什么样的人——将会是什么样的后果呢？不难想象，质量一般的教师只能培养出质量一般的学生，而质量一般的学生又会成为质量一般的教师——这样循环下去，我们就无法让我们的学校获得古典语言的教育力量，而是只白白地浪费教育新一代的时间，然而这些时间，却是一去不复返的。

　　俄国的学校是没有历史的，而又不可能像购买某种外国机器那样，直接获得学校的历史，所以无论愿不愿意，我们都要走合理的道路，即要以科学为基础，以心理学、生理学、哲学、历史还有教育学为基础，而最主要的，是一定要以清楚自己本身的要求、清楚俄国生活的要求为牢固的基础，从而独立地（不醉心于模仿其他人）去搞明白，俄国应该建立什么样的学校，应该培养出怎样的人，应该满足我们社会的什么要求；而为了满足这些要求，什么地方需要古典语言，我们就在什么地方开设这样的课程。在大学里、在教务会议上还有教师进修班上形成这样的共识，然后既以这种方式，再通过教育文献，让这种见解传播到社会上去；在这上形成明确的社会舆论，从而让社会了解它应当向自己的学校提出怎样的要求，同时也让学校了解它们应当满足社会的什么要求——我们认为，这就是让我们的学校在俄国的土壤扎根，并且赋予它们以前从来没有过的生机的唯一途径。诚然，我们的社会有培养自己年青一代的能力的时期已经不远了，然而任何持久的改革

（只要是建设性的，而非破坏性的）的进程，过程都是极为缓慢的。

　　最后，有一点要向我们的读者道歉，那就是我们在和习惯有关的章节上耽搁太久了，不过我们不得不这样做，因为教育活动之所以能够进行，主要就是因为我们的神经系统具有获得习惯、保持这些习惯甚至使之代代相传的能力作为基础。

第六章

论课堂纪律

　　如果我们已经能按上面的文章所说的那些原则来组织课堂教学；如果我们已经能让课堂教学具有严整性和条理性，我们某一方面的教学活动，不会因为时间过长——对于儿童的年龄来说——而让他们感到厌倦，同时又让课堂教学不会枯燥无味，每时每刻都不让任何一个儿童没有事做；如果我们已经能够做到这些教学活动可以激发儿童的兴趣，同时又能够用自己本身的热忱还有严肃认真的态度（不过，这种态度千万不要变成严厉的态度）引起儿童们重视履行自己的责任；如果我们已经能够让这些责任不致过于简单，而让儿童轻视了它们，也不致太难而让儿童软弱的气质无法承担；如果我们可以为儿童现在正处在的那种发展过程提供充足的养料，而不是要求儿童达到他还达不到的发展程度；最后，如果我们的道德品质可以让儿童爱上我们——那么课堂纪律就在我们手中掌握了。

　　在旧学校中，纪律是以最反常的原则为基础建立的——以对有奖励和惩罚的权力的教师的畏惧为基础建立的。这种畏惧逼着儿童处于不仅与他们的本性不符、还对他们有害的状态——呆板、口是心非，在课堂上觉得无聊烦闷。那些和其他孩子相比，那些不活泼的、生性不好动的、更能忍受枯燥无味的学校生活的孩子，或者是马上就学会了弄虚作假、眼睛盯着老师，却同时在课桌下拧自己同学的孩子，却可以获得奖励；而那些活泼好动、直爽坦率、不善于掩盖自己的心灵活动、如饥似渴地想要为自己正在发展的才能补充养料的孩子，却会遭到惩罚。我们大家为了可以这样温顺地坐在课堂里，而付出了多么大的代价啊！

"温顺地坐着"这个说法（这是瑞士教育权威舍尔的说法）把旧学校的特性揭露得淋漓尽致：它并不想激励儿童去进行活动，也不想为他们提供活动的机会并让他们的活动生机勃勃；它也没打算满足精力充沛、活泼好动的儿童的需求，而这是他们出于天性的正当需要，而是迫使儿童什么都不想，什么都不做，只是温顺地坐在那里就行了。

令人遗憾的是，在我们的很多学校里这种弊病依然占据优势，正是它导致了学校的一连串过失，这些过失是很难来靠纪律克服的。儿童的很多过失甚至恶习的根源，就隐藏在枯燥无味的学校生活中：懒惰、淘气、任性、撒谎、虚伪、欺骗、逃学、弄虚作假等还有一些暗中的不良行为。这是能够让教师陷入绝望、毒化儿童生活的清澈水流的乌云，而枯燥无味的学校生活一旦消除，这令人深恶痛绝的乌云也就会自然而然地彻底消失不见。

学校的所有教学以及学校的所有生活，都应该有理性的、宗教的和道德的因素渗透其中。在学校中应充满严肃性——开玩笑是可以的，不过不能将所有的工作都变成玩笑。在学校中可以有亲热的气氛，但是不应该过于甜蜜；应该秉持公正，但是又不吹毛求疵；充满善良，但是不能软弱无能；秩序井然，但是不墨守成规，而最主要的，是要持续地有符合理性的活动。这样，儿童的身上就会自然而然地有善良的情感和意向萌生并发展，而他们身上的一些可能是之前养成的不良趋向的萌芽，也会一点点消失。

这种可以说是学校的保健作用所导致的负面影响是不易觉察的，但是又是极其强烈的，也是极其持久的。它的重要性，要比学校以奖励、惩罚和道德说教所施加的那种病理影响大得多。

奖励和惩罚已经不是可以预防疾病，或者说用合理的、正常的生活和活动来治疗疾病的没有害处的保健手段了，而是成为一种药物，作用是用另一种疾病将原来的疾病从机体中排出去。对于这种有时是必需的、不过始终是药物所以有害的手段，学校或家庭应该使用得越少越好；所以，教师最好不要忘记，如果现在还不得对儿童使用奖励和惩罚的手段，那么只能说教育艺术还有待完善，只有病人才是需要治病的；然而不幸的是，在我们这个时代，精神上和肉体上的疾病，是儿童这个年龄阶段十分常见的现象，而我们的家庭教育和学校体制，尤其是寄宿学校的体制，不仅不利于将精神上和肉体上的疾病萌芽消除，而且往往还是反过来的，即以惊人的速度和力量为它们的发展助力，所以为了医治这些疾病，就不得不向一些有害的药物求助，以致一种疾病去掉了，却又得上了另一种疾病。一切对儿童的自尊心影响强烈且只是以畏惧和痛觉等为基础的惩罚和奖励手段，就属于这样的性质。我们总在说要将学校里的所有惩罚手段清除；然而更为合理的要求，是要将学校办得让奖励和惩罚都成为用不上的手段。

至于说道德箴言，对处在我们这里所谈的年龄阶段的儿童而言，采用道德说教手段的效果甚至没准比惩罚手段更坏。这是因为你们要让儿童养成聆听的习惯，但是他们其实还不懂得那些关于道德的高尚言词的含义，而且还有一点更主要，那就是，他们还感受不到。这样一看，你们这样做实际上就是在培养伪善的人，这样的人更容易染上恶习，因为他们有了你们所给予的挡箭牌来将这些恶习掩盖住。

这里说的只是课堂纪律，所以我们没有将儿童的各种精神上的疾病及其治病方法详细地叙述出来的必要；不过我再说一次，恰当地组织课堂活动，是一种最为合理，而且也是最为有效的保健手段，它既可以预防儿童精神上的疾病，又可以用合理的活动，还有儿童在课堂上度过的两小时合乎规则的生活来对这些疾病进行医治。现代医学和现代教育学，都开始用怀疑的眼光来看待过去备受颂扬的所有见效快的特殊手段，而又向一些保健手段求助；它们都有同一个目的，那就是利用合理的生活和合理的活动，既要将在相反的条件下产生的疾病消除，又要让这一疾病得以滋长的那种土壤得到改变。

在工作组织得十分合理的学校中，因为贪懒而受到惩罚是不可能的，因为孩子们在课堂内就学会了功课；因为淘气而被惩罚也是不可能的，因为孩子们十分忙碌，根本没有去淘气的时间。在这样的学校当中有可能存在的，无非是因为注意力不集中而给予的最为轻微的处罚，或者是因为注意力集中而予以的表扬。

第七章
国民教育的基本思想

　　人道教育应当比任何专门教育都早，如果大家对于这一点都没有什么疑问，那么，人道教育又是什么呢？它应当追求怎样的理想？采用什么样的手段？主要通过哪些学科能够让儿童的人道精神得到发展？——这个问题本身，这个好像是自己提到日程上来的问题本身，截至目前，不仅还没有得到多少令人满意的解决，甚至都没有在我国的书刊上引起严肃认真的分析，而这是一个完全应该进行严肃认真分析的问题。既然大家都同意专门教育在儿童教育中是有害的，又都同意一定要首先进行普通人道教育，那么，接下来好像应当进行解决的问题是：到底什么教育叫作普通人道教育？然后才能够讨论怎么样在我们的学校中贯彻它的手段问题。然而，我们却直接开始讨论关于学校改革的问题，即使连一切这些改革所依据的那个思想甚至都没有真正地认识清楚。我们认为，这就是在这类改革的所有方案都表现得踌躇不决、模棱两可，尼·依·皮罗戈夫十分中肯地指出过的矛盾随处可见的主要原因。

　　这一切都是没有完整地认识基本思想的结果。国民教育一定要以某种基本思想为依据，如果怀疑这一点，不就等于从根本上对理性思想的可能性和人类理性的实用性都怀疑吗？不就等于让最为重要的社会事业、家庭和个人事业听任偶然机遇的摆布吗？

到底是哪些原因现在还在阻碍着我们齐心协力地认识教育的基本思想呢？原因有非常多，我们这是指出其中的三个。

第一个原因：我们这一代人本身接受的教育不够，即负有思考如何教育后辈的使命的这一代人所受的教育不够。原因很清楚，国民教育的基本思想，首先是深刻的哲学思想和心理学思想。为了将这个思想阐明，一定要先说明，按照我们的意见，人是什么？我们想要教育的对象本身是什么？通过教育我们打算达到什么样的目标？我们的观点中理想的人是什么样的？无论您，读者，心目中有什么样的哲学和心理学观点，您都会认同：既然我们在谈论和教育人有关的问题，本身就应当提前有一个关于人的概念；您都会认同：既然我们打算通过教育实现某种目标，那就首先应当对这个目标有一定的认识。假如您对哲学不太喜欢，对心理学不太相信，难道您也会觉得在对目的、手段都不了解、对我们赖以工作的基础也没有认知的条件下，能够将国民教育办好吗？哲学教育（我们这儿的人直到最近，对此还曾抱有某种不信任甚至敌对的情绪）的不足，在今后很长的一段时期内，还将成为我们教育活动之路上的障碍，我们还将就那些极易解决的问题展开长期的争论，这一切只是因为我们不希望，或者不能将我们每个人在争论中不自觉地依照的基本思想公之于众。

　　我们对普通人道教育的思想没有充足的认识的第二个原因，在于我们因为长期形成的习惯，而不自觉地对西欧的一套表示了相信，我们似乎希望西欧已经将这个问题解决了，而我们只要沿用他们的解决办法就行了。我们在看西方的教育著作，去西欧文明国家的学校参观，非常渴望能在我们国内也看到所有的这些；我们正在学习将西方的这些或那些教育原则掌握，并且准备在它们的影响下，对我们的国民教育进行改造，将其办好。我们几乎没有去想过这些形形色色的原则，都源自一个什么样的总体思想，于是，我们在国内实施这些原则。当发现它们之间相互矛盾的时候，就会天真地觉得十分惊讶。要是我们能够花时间去研究西欧某个国家作为国民教育基础的基本思想，就可能会得出让我们自己深感意外的结论：我们将会由此确信，每个民族的教育思想比任何别的东西都具有渗透民族性，它的渗透程度之深，就连把它们移到别的国家应用的想法也不可能产生。同时，我们也不会觉得惊讶：为什么我们将这些思想搬用到我们国内来的时候，搬用的不过是这些思想死的形式，不过是些没有任何生命力的躯壳，而不是它们生气勃勃的、饱含活力的内容。我们在仔细分析西方各民族的教育思想之后还会发现，我们总打算在国内推行的东西，其实还不能算得上一种思想，而不过是某个西方民族无意识地保留下来的历史痕迹，而要想将这种历史痕迹吸收，就和吸收他国的历史一样，是不可能做到的；我们还会清楚，即便在西方，也没有将人和人需求的哲学观点之间的关系、教育理论和教育实践之间的关系彻底地弄明白，在那里也有很多墨守成规的现象，西方的国民教育正处在全面改革的前夜，而我们现在，却还要冒险照搬明天就要被西欧国家视为废物的东西。

我们的教育思想不够明确的第三个原因，应该在我们时代特殊的激情里寻找。讨论教育这样一个课题，要比别的课题更加需要心平气和，也更加需要见解的绝对自由以及思维的周密成熟。深受我们时代偏爱的那种简单否定，在这里没有任何用处。我们面对的是心地纯洁、毫无过错的孩子，他想要得到正面的教导，希望从我们这里学到积极正面的聪明才智，而非聆听对他还理解不了的东西的否定意见。"你们想要让我干些什么？"——孩子这样问我们——"你们打算将我培养成什么样的人？你们觉得什么是好的？你们自己想要什么？打算将我引向何方？你们的迷惑我无心过问，请为我指出一条直路；不要告诉我你们憎恨什么，请跟我说你们喜欢什么；不要告诉我你们在破坏什么，请跟我说你们想建立什么；不要告诉我你们不希望什么，请跟我说你们希望什么。"

对这些问题，我们能给出什么样的回答呢？

"回答'我们希望什么？'这个问题好像非常容易。"——尼·依·皮罗戈夫说——"但是，如果回答这个问题，需要我们将从街头把戏直到国家大事都包括在内的一切事务来说的话，那么，能够得到合乎的评语的人就不怎么多了。"

就算尼·依·皮罗戈夫引起人们普遍地关注教育中早期专业化的危害性，就算他将一定要首先关心对后辈进行普通人道教育的必要性阐明，但是非常遗憾的是，我们无法说在他的文章里也将他对普通人道教育的内涵的想法同样地阐明，而这一

点是一定要弄明白的，因为作者自己也说："现在回答这样一
个问题，没有从前大家都了解什么叫'humaniora（指古代经
典文献）'时那么容易；现在人们甚至想在中学课程加上政治
经济学和统计学，由此可见人们已经将这些专业性的学科视为
普通教育学科了。"

我们可以坦率地承认，最近我们自己对"humaniora"含
义的理解，也出现了根本性的动摇。大家对人道教育应当先于
专门教育这一点都是坚信不疑的，然而人道教育本身又是什么
呢？还需要对这个问题作深入细致的研究，遗憾的是，在作者
的文章里，我们连这个分析研究的认真尝试都没有看到，看起
来，他自己对这个问题的看法还是十分犹豫不决的。在《学校
和生活》一文中，尼·依·皮罗戈夫是这样说的：

"确定普通人道教育在现在对于不一样的阶层应当存在两
种不同的水平后，还应当确定，哪些部门以及在什么样范围内
归入一种水平，另外的哪些部门则应当归入另一种水平。不
过，这个问题永远也都不会得到彻底的解决。解决这个问题没
有别的办法，除非为了一个领域而将另一个领域牺牲，除非用
数学方法进行证明：某一个领域更能促进人的各项才能的发
展，而另一个领域则与之无法比拟。但是这一点是不可能证
明的。

"从科学和教育艺术角度来说，这个问题现在还是悬而未
决的，不过家长们不会关心这个。假如您有一个病孩，那么对
您来说，采用什么方法给他治病反正都是一样的——只要求孩
子能够痊愈。您何必要为应该怎么去做——到底是学习希腊语

和拉丁语，还是学习法语和英语——对您儿子更有好处而忙忙碌碌、困惑不解、争论不休呢？请您相信，在一位才能出色的教育家手中，无论是古典语言，还是现代语言，普通教育的各门学科对于发展智能都是有好处的。还应该确信另一点，这一点也是最为重要的，也就是受您委托教育您的儿子的那些人的个性。是利用古典语言和数学的学习，还是通过对现代语言和自然科学的学习，来实现对您儿子的普通人道教育——这并不重要，只要将他培养成人。这种教育上的各种各样的方法所具备的好处和优点都十分明显，也都十分重要，以至现在无法肯定哪一种是更好的。"

假如对家长来说，儿子通过什么途径获得普通人道教育的问题无关紧要，他只求儿子能够接受到这种教育，那么，对于教育工作者、主管国民教育的人还有公共学校的创办人和组织者而言，这个问题绝对不是无关紧要的。他们应该判断，什么样的途径是更可靠的，更容易让人接受到普通人道教育，在中学中，应该放在首位的是现代语言还是古典语言，等等。作者自己在说起建立中等学校的问题时并没有说：无论是古代语言和数学，还是现代语言和自然科学，两种途径都一样能够获得普通人道教育。不过他所表达的思想，就像德国人截至目前对他所理解的那样，绝对是对人道教育有利的。但是这已经彻底属于另一个话题了！既然这样一位真挚诚恳、深谋远虑的作家，竟然在解决走什么途径对开展人道教育更有利这个问题的过程中如此举棋不定、自相矛盾，由此可见，这个问题是多么困难、多么深刻，是多么地迫切需要更多的人一起来研究解决。

　　如果尼·依·皮罗戈夫以人道教育的名义守护的是普通人
道教育、智慧还有心灵的发展，让它们不会受到使人庸俗化的
现实生活的影响，如果他保护年轻的后代，不会受到从生活
向学校渗透的那种买卖思潮的影响，那么，除了蒙昧主义者
外，谁会反对他呢？然而，假如他守护的是旧人道教育还有一
定学习的古典语言、对基督教世界的不理解、对现代人和人的
现代需求的完全不了解、与现在我们时时身处的生活的格格不
入，那么麦考莱、巴斯蒂亚等这样一些人将会出现在作者的反
对者的行列中，而这些人并不能算作教皇主义者或者蒙昧主义
者。谁也不会怀疑教育中必须有人道精神这一点，然而，却有
许多人对于所谓的"humaniora"的人道精神持怀疑的态度。
拉丁语，特别是希腊语的学习，曾经为摆脱教皇主义极力用以
束缚人的理智的枷锁奠定了见识的基础，即便是这样，也并不
意味着别的学科（假如在当时已经有这些学科了）的学习就
不会达到同样的效果。数学、天文学、物理学和化学、历史
学、扩大地理知识，在将中世纪愚昧无知消除上发挥的作用都
不比学习古典语言小，也许还是它们的作用更大一些。如果对
于 16 世纪的人来说，古典语言曾经是那个时代唯一能够开启
被遗忘的罗马和希腊知识宝库的钥匙，那么现在，这些宝库早
已消耗一空。不只是一切杰出的古典作家的作品现在都有了现
代语言的译文，而且大量的古代世界的知识已经被现代科学汲
取吸收了，这就让那些并不会希腊文、拉丁文的人也可以接受
这些知识。如果现在还可以研究古典教育的良好影响的话，那
也仅仅是指学习古典语言本身的影响，而并非用这些语言所描

写的内容。在另一方面，考虑到现代世界知识的容量，我们就会看见，如果要将它塞进已经消耗一空的希腊、罗马宝库之中，是无论如何也不可能的。最后，如果我们想从古典作家作品中研究人，研究我们自己，那也一定会碰壁，因为在希腊和罗马的公民与现代人中间有一条鸿沟，一条不可逾越的鸿沟。

就拿古代世界最优秀的代表人物，时代发展到最鼎盛的时期才会产生的那些精英来说吧，您会发现，无论如何这些古典教育的精英都不可能成为现代人的榜样。他们，这些苏格拉底式、亚里士多德式、塔西特式的人物，尽管拥有显赫的威势，然而在他们的身上都有像任何一个伊罗克人身上的野性那样的，某种和现代生活背道而驰的东西。请看一下亚里士多德的《政治学》吧，在最前面的几页您就会读到一些对人、对女人、对异族的观点，这样的观点现在可以大大方方地说出口的，也只有南方各州的种植场主了。绝对不可以把这些思想视为亚里士多德的局部性错误，就像他将鲸视为鱼类的错误一样。在关于人的概念中表现出这个人本身的思想，亚里士多德对奴隶、女人、异族人的观点，和他的全部哲学的关系是密不可分的。

请仔细了解一下希腊人和罗马人的风俗习惯、他们家庭的日常生活，了解一下他们对妇女和奴隶是怎样的态度，他们对犬和公民是如何理解的，他们又是如何看待国家、人民、人与人之间关系的，他们在政治经济上有怎样的信念、他们对历史是如何评价的——您一定会确定无疑：主要学习古代世界遗交给我们的东西的方法，根本没有将人引入欧洲的现代生活的可能，学习古代经典作家作品，也是无法将人培养成我们现在所理解的人，也不能促进科学与生活相结合，而每一个想要获得真正进步的人当然觉得这种结合是必不可少的。相反，我们有充足的理由认为：西欧无法摆脱的、以历史传说为基础、主要对古代经典著作的学习，直到现在，仍然是阻碍着科学有效结合生活的绊脚石。

在有些民族的学校里，即便古典教育占据着绝对的统治地位，却达到了相当高水平的人道教育，不过这样的例子还不能说明什么问题；我们应当对这种例子作一番批判性的分析。作者举出英国作为例子，但是，难道不是他自己在另一个地方曾说过，被英国教会控制的英国大学如果保持着教育性质，那他们应当对英国国家政权的无法仿效的制度表示感谢吗？我们不也有权运用这个思想，来对古典教育流派在英国学校里独占的绝对统治地位进行分析？我们不也有权说：即使英国从绝对的古典教育中获得了一定的好处，那么它只能将这个归功于自己的国家制度还有无与伦比的社会生活的发展？既然在作者看来，英国人之所以在自己祖国的社会里显得这样的聪明优秀，正是因为他们在童年和青少年时代为古代经典著作教导熏陶的结果，那么，我们也有权认为，如果对古典作品的优先学习没有让英国人脱离现实生活，那么，唯一的原因，就是这个现实生活自身过于强有力，它无时无刻不对他产生着影响：在家里，在学校，通过家庭和社会的传说，通过家长、教师、同学，通过国家制度的形式，通过业已形成的社会机体的法律等各个方面。我们有毋庸置疑的证据来证明这一点。古典教育不只是在英国的学校里占据着统治地位，在德国、法国、意大利的学校里也是一样的；为什么它会给人们带来各种不一样的结果呢？英国人对古典著作本身持有不一样的看法，德国人又持另一种看法，法国人的观点也不全一样；每一个国家的人都从古典著作中吸取了和他们各自本性相符的教益。古代经典著作没能让德国人变成讲究实际的人，同时也没有妨碍他现在还可以称得上一位书房中的学者。各国人民都是透过自己的眼睛来看待古代经典著作的，既然是这样，那么我们俄国人为什么就不能按照自己的方式来看待它呢？我们应该去跟谁借眼镜呢？同时戴三副眼镜是不可能的——这样就什么都看不着了。德国人从经典作家那里学到的是语法、哲学还有考古学；英国人吸收的则是实践智慧的教益、思想，还有表达上的明确性和准确性；法国人则将灵活的语句学了去；而到目前为止，我们俄国人所吸取的不过是僵死的宗教学校的形式主义，而且我们的试验延续的时间还非常长——整整一个世纪。难道还需要重新再开始吗？不管我们国内古典语言的教授有多么的差劲，但还是有不少人已经学会了它们。在我国，对于那些将青春年华的四分之三都耗在了拉丁语、希腊语和犹太语的学习中的人来说，这种学习又带来了哪些好处呢？据说，不能因为古典语言的教授太差而对古典语言横加指责，但是，要是在我国可以培养出某些学科的好的教师的话，那肯定是古典语言教师。那么，为什么古典语言和古典文学的知识没有让这些学科的坏教师变成好教师呢？由此可见，对我们而言，古典语言并不具备培养教育人才的力量。

　　我们并不是否认学习古典语言和古典作家的作品可以让人的智慧和心灵获得发展；然而，按照作者本人的观点，对任何一门科目的有条理学习，难道就不能收到一样的效果吗？所以，还应该证明，必须用在学习古典语言（对孩子们而言，掌握古典语言无疑要难于掌握现代语言）的时间能否得到补偿，即这种时间的补偿是不是需要这么多，以致必须选择学习古典语言，而将对现代语言或者自然科学的学习放弃呢？

　　当然，无论学习哪门语言，都像研究一个有灵的机体一样，本身就已经对人的精神发展有益处，它并不以作为开启民族文学宝库的钥匙的外语知识的影响为转移；我们对另外一个观点也并不是排斥的态度：古典语言作为智力发展的手段，和现代语言相比，在这方面更具有某种优越性；古典语言具有其完整性，但是这种完整性是目前还处在自身形成发展过程之中的现代语言所不具有的；不过在另一方面，在古典语言里是闻不到现代语言中的那种欧洲现代生活的气息的。下述观点我们也表示同意：古典作家的创作里往往会体现内容和形式的紧密联系，而现代作家中能将这一点做到的寥寥无几；我们还对这样的看法表示赞同：古典作家作品中思想的表达十分直率，是无可仿效的直率，通常来说，只有彻底独立地产生于人的心灵的思想，才能够这样直率地表达出来。不过，这是什么原因造成的呢？是不是因为古代的人直接用眼睛来对世界进行观察，而非借鉴他人的思想或长期研究的、内容渊博的科学呢？而在阅读古典著作家作品的过程中，正是这种见解上孩童般的、同时又非常英明的天真幼稚，才让我们心驰神往；如果一个希腊人首先一定要学习犹太语、波斯语、埃及语，然后才能转入对周围的生活进行研究，那么，看问题的这种幼稚天真，这种让人惊异的简单朴实，未必能在希腊著作家的创作中站住脚！希腊人在祖国语言上可以实现艺术完善的境地，可以拥有一批自己的优秀作家，这不是学习某一门外语的功劳，也不是学习他人文学的功劳。自己祖国的语言、自己民族的传统和自己周围的生活是他们首先学习研究的对象；这是不是恰恰是形成希腊人全部生活中崇尚艺术活动和他们作品中高度艺术水平的简朴性的首要原因呢？诚然，罗马人研究过希腊文学，不过这并非他们生活中的最辉煌时期；即使说希腊文学让罗马产生了几个不能让人满意的仿效者，那么，罗马的生活也并没有以这些仿效者为荣。

遗憾的是，尼·依·皮罗戈夫没有和我们说，为什么他坚持认为对于高年级普通人道教育而言，学习古典语言是必不可少的，他只是将自己的信念陈述了出来，并引用了古老的经验：

"在这里不必多说我觉得即将进入大学学习的人一定要无条件地优先接受古典教育的原因。我仅是想说，我这样做的原因是我觉得深入钻研古典语言、祖国语言、历史和数学，是高级教育力量的唯一来源。在这方面我不妨引古老的语言为证，不管反对者们怎样大喊大叫，古老的经验还是证明，仅仅学习这些学科本身，就足以形成和发展人的精神，培养人理解一切道德上和科学上可能存在的真理。这种学习可以达到这个目的，因为它的对象主要是宗教、言语和历史所发现的人

（自己）的内部（主观）世界和数学所研究的、与内部世界存在密切联系（通过抽象概念）的外部（客观）世界。至于实科教育，虽然它通过感情训练和外部世界的研究也可以让人的观察能力和理智得到发展，然而，只是实科教育本身是不可能让一切高级精神能力得到彻底的发展的。"

要是作者在此可以更明确地表达一下前面所说的强烈的信念，在发展和证明上面所提出的论点上多花一些力气就好了。不少人会觉得这个论点表述得含糊其词，而且还没有证据，因为他们发现了其中存在的一些矛盾。为了证明学习古典语言是有必要的而援引古老的经验，并因此将古典语言认定为高级教育力量的来源，这样做不一定是合理的。即使我们列举出许多在人类历史上做出重要贡献的著名人士和作家，并表明青年时期的他们都学习过古典语言，这也证明不了什么。既然截至目前西欧的中学和高校的学习都集中在了古典语言的学习上，那么欧洲所有具备一定学识的人在青年时期当然都学习过古典语言。实科学校只是现在才在创办，过去，除了古典学校以外，是没有别的学校的。所以，只是用古老经验为根据，是什么都无法证明的。很多著名人士都是从以死记硬背为基本学习方法的旧学校毕业的，难道由此能够得出结论：高级精神能力的发展一定要靠死记硬背吗？为欧洲培养出许多著名人士的古老学校里，甚至都没有直观教学的概念——难道就此可以得出结论：直观教学是没有用的吗？

古典语言学习之所以在西方学校扎下了根，和认识到古典语言对发展高级精神能力是必不可少的根本没关系，主要是因为历史问题。西欧从漫长的沉睡状态中醒过来后，努力想从古代迷信的影响中摆脱出来，向往光明和科学，然而当时并没有以现代语言表述的科学，就得向古人留下的遗产求助，但是长久以来，古人的遗产始终被埋在大段大段地用古典语言撰写的文章中而无人问津。对古典语言的学习由此自然地产生了必要性，后来又成了欧洲学校的传统。而作者自己在另外一本书里承认，无论什么东西都没有学校传统那样得以稳固地保持，一个人往往非常乐意回忆自己的童年以及少年时代，并且多半希望像他本人过去所学习的那样去对孩子们进行教育。这样一来，某所学校的偶然做法，即便它本身在教育中并没有一点合理性，都会成为学校的法规，这个法规的必要性能够获得自古以来经验的证明，却无法达到理性的光明。我们认为，在某种程度上，学习古典语言也属于这样一种学校传统。作者说，古典教育培养出了很多高度发展的人，却对古典教育培养了多少腹中空空、只认字母不见生活的书呆子，培养了多少没有理解周围实际生活能力的人闭口不谈，这是因为现实生活并非以拉丁语或者希腊语语录的形式出现。你们可以举出一些因为对古典语言和古代经典著作的学习而成为高度发展的人，我们也一样能够举出一些因为被这种学习严重影响的人。比如，比拼命地追求模仿希腊人，谁都和德国人比不了，德国学者是最酷似希腊人的，原因恰恰就是，希腊人当时是身处现实生活中，而德国学者则陷在书本的包围里；原因恰恰就是，希腊人当时是用自己的眼睛对生活进行观察，而德国学者则不过是利用希腊和罗马学者的知识来对生活进行观察。在我们看来，德国出现的生活和科学的严重分裂，正是因为他们靠本本研究古代世界，这种分裂现在已经发展到了令人惊诧的程度，海涅曾尖刻地嘲笑了这一点。

作者将发现外部世界和内部世界密切联系这一成就认定为数学的功劳，这同样是没有任何用处的；诚然，数学既是属于外部世界的，也是属于内部世界的，并且在哲学史上形成了从前者过渡到后者的过程，但是数学所研究的仅仅是存在的形式，而非本质。学校经验则将一种奇怪的现象展示给我们：喜爱数学并学有成效的年轻人，往往并不具备在其他学科，特别是在文学和历史方面的才能。有一种极为常见的现象：数学专家终身都带有某种局限性，他们的头脑里，数学学识常常和最顽固狭隘的偏见以及最原始、最怪诞的幻想相安无事。数学研究的不过是世界的形式方面，只能在形式上让人获得发展。

作者好像有意这样说：深入地学习古典语言。我们也对他的这种看法完全同意：对于人类的这种有机的，同时又是艺术性的创造物——语言的学习，比别的任何学习都更能有力地让高级精神能力得到发展。但是对于自然界的有机的创造物的学习，却无法产生这样的效力，正是因为，这些创造物是我们不那么容易理解的，我们无法像识透语言这样，也深刻地识透它们。语言是人类精神的有机创造物，它具有自然界无限深奥的创造活动的一切优点，同时，又便于我们对它进行无限深入的研究。在这一方面，语言过去是，将来也永远是人类最伟大的教师。在发展人的方面，任何别的科目的学习都不如语言的学习。但是，与此同时也不应该忘记，语言也只是表达精神生活的形式，如果说，语言的逻辑结构对于发展理性而言十分重要，那么，与之相比，用语言所表达的那些思想还有情感就更加重要了。再说一次，这就是我们为什么不同意将学习古典语言放在人道教育之首，而认为应当把学习本族语放在第一位。

人们可能会对我们说，不深入学习古典语言，也就不可能将本族语牢固地掌握，这种看法我们同意，不过只是部分地同意。没错，对古典语言的学习会让我们对自己本族语的看法更加敏锐，对现代语言的学习也可以发挥同样的作用。确实，按结构的逻辑性来说，古典语言在某种程度上也许被公认为是语言的逻辑学；当时，对古典语言的学习让我们不得不借助他人的眼镜来看待本族语，是阻碍我们学习本族语的，这也是不可否认的事实。俄语的语法现在还非常糟糕，就是因为我们是按照古典模式着手构筑俄语语法的，如果说我们到现在还不够了解自己的本族语，我们的写作到现在还平淡无奇、毫无生气可言，那正是因为我们强迫本族语屈从他人的语言模式。

因为上述这些理由，我们认为，并不是所有希望接受优良的人道教育的人都一定要去接受古典语言的学习，而只是那些准备接受学术性语文教育的人，才得学习古典语言。古典语言对于语言学家而言是他知识的基石，但是不懂得古典语言，也同样能够成为高度发展的人。为了让现代人获得一般的人道发展，学习的主课应该是祖国语言和祖国文学，而绝对不应该是古典语言。

如同尼·依·皮罗戈夫所说的那样，将古典语言知识当成升入大学的必备条件，我们认为这等于为不少人制造没有必要的升学障碍。如果要求升大学的人都要具备古典语言知识，那当然应当该是拥有实实在在的知识，不只是语言知识，还应当对文学相当的熟悉，因为只有具备了语言知识，并对文学十分熟悉，才可以对形成高级精神能力产生较为明显的教育作用。如果要求报考数学系的人要对古典语言有深入的掌握，将这一点看作精神的人道发展的特征，看作年轻人具备有效地聆听大学教程所必需的那种普通人道教育的证明——这更是荒谬至极的，因为，就像我们前面努力要证明的，不懂古典语言的人能够得到优良的人道教育，而懂得这些语言的人可能是在人道方面最不开展的人，我们这里有不少人就是这方面的例子，精通古典语言的他们却最缺少人道——常常还是惊人的缺乏。

　　所以，作者这样的观点我们完全同意：普通人道教育一定要作为初等、中等学校，甚至在一定程度上也是高等学校的主要任务；如果人不首先在人道方面得到发展，那么实科研究对人就是有坏处的，它会让人变得干枯直至死亡，而且，人道教育甚至对于实科教育本身就像基础一样是不可或缺的；而我们与作者的分歧不过是对人道教育和实科教育这两个词的意义理解存在差异。在我们看来，人道教育理解、一般地发展人的精神，而不只是表面上的发展；从人道上发展人，不是只能通过学习古典语言，而且还有很多更直接更有益的科目：本族语、宗教、历史、地理、研究大自然还有新的文学。而实科教育是这样的：我们在学科里寻找的并非思想，并非发展和巩固精神食粮，并非人对自身还有外部世界的观点的解释，而只是寻求那些实际生活某个领域所要求的知识，我们将科学视为技能，而非精神食粮和精神的创造物。实科教育和人道教育的材料可以在每一门学科中找到，它们的区别实质上并非学科的不一样，而是学习方法的不一样。历史可以变作实科科学，神学也可以用作实科科学，这种事例数见不鲜；相反地，可以用算术和化学来发展人的人道精神，甚至学习识字也能够让人受到人道教育和实科教育。

在教学的人道教育影响中，一定要从本质上对两种进行区分：学科的影响，还有教学本身的影响。在初等和中等学校当中，教学活动的首要目标应该是人本身，在大学里则应该是科学，即便在实现初等和中等教育的目标时，我们还是要学习科学，而在实现高等教育的目标时，我们还将通过对科学的学习开展人道教育。

作者的如下意见我们是同意的：对于语言——这个人的半自觉的艺术创造物——的结构的学习，是精神发展的最好的手段；然而，我们为这种发展所选择的并非古典语言，而是本族语，并且我们敢于下这样的结论，只有对本族语的学习，才是通向尼·依·皮罗戈夫要求教育所要达到的人的自我认识的最可靠的途径，也是最直接的途径。我们在向儿童或者少年揭示祖国语言的丰富时，也向他本人揭示他早在自己能理解前就已经感觉到了的他自己丰富的内心世界。通过对祖国语言的学习，我们让孩子对民族精神有所了解，对民族世世代代的创造有所了解，对可以喷涌出任何一种力量和任何一部诗篇的唯一永生的源泉有所了解。

我们将对历史、地理、数学、自然科学这些直接揭示人和自然界的其他科目的学习，安排在对祖国语言的学习之后；再往后是对现代外国语的学习，而对古典语言的学习，我们则将其视为只是某一部分教学活动所必需的专门知识。

有人会向我们提出这样的意见，希腊和罗马的生活是现代欧洲生活的基础，是人类的少年时期，如果不去研究这个少年时期，我们永远都不会对现代社会的发展有真正的理解，而无论什么，在帮助人了解这个民族的历史方面，都无法和本民族的语言相比。这个意见首先来自关于希腊和罗马历史的错误观点，一句话，来自对历史的错误观点，而这种错误观点的源头，又是一部分德国哲学家希望不仅将人类的过去，还将人类的未来都列入一般的规律。希腊人和罗马人曾经是我们学校的老师，那是在科学复兴的时期；现在我们已经成长了，已经将我们曾经的老师超越了，可以自己学习了。我们并不是以此来否定学习希腊和罗马历史的益处以及必要性。课堂教学科目所需要的那种完整性，正是古代世界的历史所具有的；但是，将我们的所有精力都花在这门学科的学习上是不应该的，此外，我们也永远都不可能在古典历史的学习和古典语言的学习之间建立有机的联系。在帮助人了解这个民族的历史方面，没有什么能够和本民族的语言相比，这种说法完全是公正的；但是，难道我们就能够指望在我们的中学里，通过学习希腊语让学生来了解希腊历史、通过学习拉丁语来了解罗马历史吗？要么是我们应当将学校中 90% 的教学时间用在古典语言的学习上，将学生的一切精力都集中在古典语言上，要么就是这些语言的学习还像从前一样，对古典历史的学习几乎没有什么帮助。我们这里，不只是在中学，甚至在大学，这两门学科的学习都做不到协调一致。中学里的优秀学生，到了中学课程马上学完时，才有可能达到勉强地、一字一句地阅读西塞罗作品中最简单的片段的水平，如果是塔西特的作品，则束手无策，而早在学生们学习 mensa 的变格时，古代史就是一门必学课。显而易见，这样的古代史是无法让学生了解古代历史的。甚至在学完语文系课程的大学生中间，您能找到多少将两三名古典作家所有作品读完的人？所以，这种为了学习古代历史，而必须学习古典语言的说法，等于提出了一个根本无法达到的要求。如果是在学习古代历史的时候，我们的中学生不用等着将来再学古典语言，而是由老师指导着阅读古典作家的作品（即便是译作），这样的做法是不是会更好些呢？为了实现达到这个目的而编写一本专门的经典著作文选，这样的做法是不是更好些呢？手中的小山雀是不是比天上的仙鹤更好些呢？

我们前面已经说过，作者将古典语言视为升大学必备条件的看法我们并不认同。我们的观点是，良好的拉丁语知识和一般的希腊语知识，只应该是那些想要报考语文系的人必备的条件；报考医学和法律系科的人，只要求他们具备拉丁文的一般知识就够用了；而不该对希望学习数学和自然科学的人提出具备古典语言知识的要求，即差不多应当回到我国截至目前有的、并不是明文规定，而是由生活本身确立的制度上来。

中学里的古典语言课程，应当只面向那些有愿望学习的人开设，而且还应该设在最后三年，在大学语文系的一、二年级，应该拿出一半的时间学习古典语言；法律系低年级开设两年拉丁文课，培养学生阅读罗马法典的能力已经足够用了；医学系开设一年拉丁文课，就足够培养年轻人熟悉医学的拉丁文了。

第八章

谈开始学习的时间问题

　　谈及孩子的学习问题时，有一点应当注意，那就是儿童无论学不学习，他每天都在发展，而且发展的速度还相当快，一个 6 岁的儿童，一两个月的时间为他的精神和体质带来的变化，要远远大于他在 10 岁到 15 岁中整整一年的变化。推测开始学习的最好时间是非常困难的，而且这个问题自然还有待于实践检验；但是，不管怎样，和早一些开始学习相比，迟一些开始学习是更为妥当的，即使这两种做法都存在自己的不足之处。

　　假如您在孩子还没有达到学习的成熟年龄就开始教他学习，或者教他学习某一门内容对他这种年龄的儿童并不合适的学科，那您一定会遇到他的年龄阶段天性上的障碍，而能够将这些障碍克服的，只有时间。您越是执意要和这些年龄上的障碍作斗争，就越会为您的学生带来危害。您要求他做的，是他力不能及的事：您要求他实现超越自身的发展，然而却忘记了任何一种有机体的发展，都需要在一定的时间阶段内进行，而我们的工作对这种发展而言并非加速，也不是延缓，而只是为这种发展提供健康合适的精神食粮。试问，您又何必这样努力过早地为孩子讲解某方面知识，何必这样地对自己和孩子进行折磨呢？要知道孩子现在都不能理解您的讲解，也许半年以后就很容易理解您了，他只是还需要这半年的时间而已。

　最为糟糕的是，儿童在学习上，特别在某一门学科里过早地遭遇了过高的要求，遭遇了他的年龄所无法克服的困难，他就会失去对自己能力的信心，这种缺乏信心会在他身上扎下根来，成为根深蒂固的东西，以至于成为他在学习上取得成绩的长时期的阻碍。很多原来是天资聪明但是很敏感、神经易受刺激的孩子，结果变得非常迟钝而又懒惰，罪魁祸首正是他们过早地接触学习，这样的做法破坏了孩子对自己力量的信心，而这种自信心是人无论干什么都离不开的。因此我们建议，每一位教师，一旦发现孩子即使付出真正的努力，还是学不好某一项新内容的时候，就应当马上停止这种没有成效的做法，延迟它到适当的时候再进行。

　有的教师不具备将孩子提高到理解某门学科的水平的能力，于是就尽量降低这一学科的要求，降低到儿童可以理解的水平，这种做法同样也是和教学原则不相符的。比如，有的教师说，怎么可以不让儿童了解祖国历史发生的那些重大事件呢？于是，为了实现这个目的，他就用儿童的思维方式来对历史人物进行改编：将斯维亚托斯拉夫们和弗拉基米尔们变成儿童喜爱的洋娃娃，并十分欣慰地认为，儿童算是了解祖国的历史了。试问，这样的历史对于儿童，或者说对于任何一个人来说，又有什么用呢？难道就为了让孩子长大成人以后认识到，小时候学校教给他的东西是多么的愚蠢吗？教师为什么要这么着急呢？为什么就不能等一定的时间，等儿童的能力发展到可以理解历史事件的水平时，再来教授这些知识呢？与其超前教育，不如为了培养儿童可以理解历史先作些准备，比如让他们阅读儿童故事，让他们学习《圣经》上的事件，这些知识非常适合儿童现有的理解能力，与此同时，又为孩子今后有效地学习历史奠定了坚实的基础。一个教师这样的做法不是更好吗？

在将为儿童而歪曲科学的做法否定的同时，我完全赞同将这样的一些科学知识传授给他们，无论这些知识是属于哪门科学的，只要它们不仅是儿童可以理解的（这还不是主要原因），而且还是儿童充实和确立世界观所必需的，或者对他们训练智力和表达能力有益。

我前面已经说过了，开始学习的时间，原则上是宁可推迟，也不要提前；但是推迟也是有它负面影响的。如果不及时地将孩子的精神力量引向学习活动，那么其往往会朝别的方向发展，将来教师就不得不为克服这种发展方向而付出努力，而且还未必可以取得成功。任何一位经验丰富的教师都会对我这样一个看法表示同意：学校里有不少孩子，他们之所以学习困难，就是因为他们开始学习的时间过于晚了，比他们年纪小的同学都可以超过他们。但是另一方面，我同样也见到过不少的儿童，他们学习成绩之所以差，就是因为上学过早，或者是在家里过早地让他们识字了。

在德国，5岁多的孩子就进平民学校读书了，如果你去了幼龄学校，还能看到很多才 4 岁多的小孩。这些幼小的孩子在那里干些什么呢？如果可以让他们做一些符合福禄培尔学龄前儿童教育制度要求的事，那还算是不错的！如果让他们坐下来识字，或者让他们什么都不做，强迫他们那双喜爱活动的小手停下来，让他们习惯了接受枯燥无聊的学校生活的毒害，那就非常的糟糕了。对这类幼龄学校进行充分的观察后，我产生了一个信念，并且坚定无比：如果学校过去只接收满 7 岁的孩子入学，那它所得的成绩必然会远比现在的好；而学校接收 5 岁至 7 岁的孩子入学，不仅无谓地损害孩子的健康和自然发展，还因此将学校本身的教学成绩基础给破坏了。但愿学校也能够像医生一样不要忘记，它无法赋予人以生命力，只能排除生命力的正常发展的障碍，并提供健康的、有益而非有害的食粮。

根据生理学和心理学，认为儿童 7 岁这个年龄标志了幼年时期结束，少年时代正式开始，言下之意是儿童自觉意识开始发展。那么少年时代的开始，应该同时也是正确学习的开始。

不过，我还是建议，可以尝试一下让 6 岁多的孩子开始学习，并且按照这个年龄的孩子对画图的爱好程度，按照他将自己注意力集中在某个对象上的能力、静听别人讲述的能力、不是用互不连贯的词语而是完整的句子表述思想的能力，等等，对是否可以开始系统教学作出判断。

假如孩子的注意力比较差，说话断断续续地不连贯，吐词困难，那最好就别开始系统的教学了，而是和他以周围的事物或图画上的内容为话题进行谈话，教他将某一首他所理解的歌曲的歌词背熟，为他以后开始系统的学习做好准备；通过儿童的绘画来对他的手进行训练，教他数手指、胡桃或者小木棍，在孩子还没有接受系统教学的条件之前，请不要开始对他的系统教学。

我在这里不想讨论对解决开始学习的年龄问题具有影响的一些特殊情况，比如儿童的身体健康如何，他家庭生活的条件如何，等等。我只想表明一条：为儿童提供的学习方法越轻松，开始学习的时间就越可能提前。如果您打算让孩子一开始就学识字，那么，即使到了 7 岁也还是太早。

第九章
初级阶段教学的课程

学习应当从学什么开始呢？以前对这个问题的回答非常简单：不从字母表的学习开始，又从学什么开始呢？然而，当代合理的教育学在研究这个问题的答案时关注了儿童的天性并指出，孩子年龄越小，长时间进行单一活动的能力就越差，比如走路、坐着、手拿一件很轻的东西，甚至躺着，都会很快就觉得疲倦；如果是多种形式的各种活动混杂在一起交替进行，那么还是那个孩子，可能跳跳蹦蹦嬉闹一整天，根本不用休息，他那不知疲倦的精神会令成年人大吃一惊。在儿童的心灵活动里也能够发现一样的情况：儿童的年龄越小，长时间进行单一的某种心灵活动的能耐也就越差，但是如果作业能够多样化，他就能够活动非常长的时间。变换作业对孩子的作用甚至要好于彻底的休息，当然，及时的休息还是必不可少的。孩子看起来已经对阅读疲倦了，他的注意力在减弱，思维理解已经停滞，那就不妨给他半个小时的时间，让他写写、画画、数数、唱唱，等到半个小时后继续阅读的时候，您就会发现，孩子又恢复了原有的聪明伶俐和专心致志。

当然，长时间地进行一个方面的智力活动的能力，无论对哪种学习而言，都是最重要的条件之一；然而这种能力只能循序渐进地逐渐发展；在这方面作过早过分的努力，只能让这种能力的发展遭到损害，并且，还会发现，孩子不仅会因此发展停滞，而且仿佛是在后退，好像他心灵中某一根弦因为拉得太紧而被绷断了。儿童长时间地从事单一活动的习惯是应该培养的，可是一定要小心翼翼地、逐步地去培养；而在学习的开始阶段，课程越是多种多样，孩子要进行的活动越是多种多样，就会获得越大的成绩。如果在一段持续半小时到两小时的上课时间内，孩子们又读又写又画，不仅唱了两三首歌，还做了几道计算题，还听了或者讲述了《圣经》里的某个事件，那么到月底的时候，无论是孩子们掌握的知识总量，还是他们在其中任何一门知识或技能中所掌握的东西，都会远远超过在整整一个月内老是学习单一的一门知识或者技能所可以掌握的东西。如果他们的课内作业也可以这样的丰富多样，那么，学生在阅读课上所取得的成绩，肯定要比每堂课只进行单一的阅读所能取得的成绩好得多。强制孩子只学习字母表，逼着他连着好几个小时都只学习这一张字母表，而不给他任何别的作业，等他将字母表学会了，再转入音节的学习，还是同样的方式的，等等——这简直是最违背儿童的天性的教学方法了。

按照上面说的生理学和心理学规律，当代的初等教育并非只开设一门课程，而是同时开设好几门的课程：直观教学、写字、画图、阅读、计算、儿童手工、唱歌和体操，等等，它们穿插进行，让儿童体力和心灵上的朝气，以及这个年龄所特有的快活心情得以保持。

然而，这样一来，有的母亲会提问，如果需要我也同时懂得这几门课程，那我自己怎么能够承担起初等教学的任务呢？这种胆怯是多余的：只要是一位多少接受过一些正规教育的妇女，只要一点点的努力，都可以教授7岁至8岁乃至9岁的孩子这几门课程。课程确实很多，不过对于任何一位具有一定修养的妇女来说，孩子从每一门课中所能掌握的那部分非常有限的知识，是十分简单浅显的。

但是，初级阶段教学的课程越是多种多样，所有这些课程就越是必须由同一个人来教授，或者至少大多数课程都是由同一个人教授。如果您准备一位教师任教一门课程，那最好把课程的数量减少到最低的限度。其实，只有所有这些课程并不是各自独立的，而是全都在一个成年人合理的影响中融合，由他向儿童的活动提供养料，将一切这些形式多样的活动引向那个唯一的合理目标——让儿童的体力和心灵机制获得全面而科学的发展，为他以后学习每门独立课程打下坚实的基础，只有达到这样，初等教学课程的多样化才可能是有益的，而且甚至说是必不可少的。

俄罗斯有一个谚语："保姆有七个，孩子反倒没人管。"这个谚语对初级阶段教学同样适用。教师量很大，他们个个都对自己这门课程十分热心，于是都会将各种知识和技能像填鸭一样灌输给儿童，但是儿童的智慧眼睛还是闭着的。总而言之，学习的课业越多样化，讲课的人越少，对初级阶段的教学就越好。

第十章
初级阶段教学的组织

　　我这里要讲的教学组织指的是：课时分配、课时延续的时间；同一班级或同一家庭中年龄、知识和发展不一样的儿童之间课时的分配。

　　我的主张是宁可晚一些开始教学，并且一开始指定的学习时间应该尽可能地少一些；但是，从一开始，教学就一定要将学习与游戏分开，并让其成为孩子的一项严肃的任务。当然，以游戏的方式来教孩子读和写是可以的，不过在我看来，这样的做法是有害的，越是长久地不让孩子严肃地进行课业时间，将来让他转而从事严肃的课业就越难。初级阶段教学的任务，就是让严肃的课业吸引孩子。无论哪个健康的孩子都是想要活动的，而且还是严肃的活动：他和自己同龄小朋友一起玩耍的兴致，并没有帮助父亲或母亲做一件正经事的兴致高，只要这件事是他力所能及的，要求的时间没有超过他这个年龄所能承受的限度。所以，从最开始的几节课开始，就应该让孩子学会热爱自己的责任，并在执行责任中发现乐趣。

　　为了实现这个目标，我认为应该从教学的一开始，就指定学习的时间和地点（这个建议当然只是针对家庭教学的）。学习必需的书籍和用品应该都摆放在指定的地方，不是上课的时间不许孩子随便动，请记住：如果破坏了这些简单的规则，上课的时间都被经常忽视或者随意变动，那么您就已经在孩子的心灵当中播下办事杂乱无章的种子，这些种子会随着时间的推移而发育长大，孩子的一生都可能为它所毒害。为了给孩子们上课，您可以从您一天时间中吝啬地腾出有限的时间，然而，时间一旦腾出，就绝对不要收回。一定要小心，不能让孩子养成逃课的习惯，因为那样一来，他每一堂逃不了的课，都会成为他沉重的负担。

当然，如果您让自己的课非常有趣，您就用不着担心孩子们会觉得厌烦，不过还是请记住，在教学当中，并不是一切东西都是具有趣味性的，其中肯定还有枯燥乏味的东西。应当教育孩子，要不仅习惯于做他非常感兴趣的事，也要习惯去做他并不感兴趣的事——以执行自己的责任为乐趣而去做。您要让孩子对未来的生活做准备，而在生活中，并不是一切的义务都是如此富有情趣的；如果您的孩子在满 10 岁以前，都始终采用游戏的方式进行教学，那么在他将来不得不完成那些严肃的，有时是非常乏味枯燥的学习任务时，就会饱尝极大的、由您现在一手铸成的痛苦。

至于上课延续的时间，在最开始的阶段，每天早晨一小时、下午半小时就足够了。到了第二学年，可以在每天早晨增加半小时，也就是一个半小时，下午则增加到一个小时；到了下一个学年，一上午学习两小时，如果还不到 9 岁的儿童，每天上课的时间最多不能超过三小时。一开始的阶段要每隔半小时，随后要每隔一小时就要让孩子进行充分的休息——让他去跑一跑、玩一会儿，并且让他养成按时迫使自己停下游玩，开始学习的习惯。

为这种年龄的儿童布置课外作业是害处非常大的，只有那些超过9岁的，还必须是已经接受了几年良好的课堂教学预备阶段的孩子，才能给他们布置少量的课外作业，不过请注意，现在我国大部分学校里的孩子们，都不得不做这样的课外作业。我们自己也可以回忆一下，为了这些课外作业，我们每一个人曾经流过多少眼泪，遭受了多少的磨难，而它们为我们带来的好处，又是多么的微不足道，可以忽略不计。对教师来说，用手指甲或铅笔来指定书上的某一页，要求学生在下一次上课之前背下来，简直易如反掌。但是，请您看一下，那些过早地自己处理一切的孩子，是怎样苦苦地攻读这令人厌烦的一页，怎样生吞活剥地死记硬背，怎样不得不花上十倍的劳动，只是因为不具备这方面的能力，怎样搞得脸、手还有练习本上墨迹斑斑，又怎样为了某一个难读的字母而伤心得痛哭流涕——您就会知道了，有时候在孩子们看来的那种厌学心理是怎么来的。此外，请您记住，您用您的作业，不仅是将孩子做作业那段时间的心情给破坏了，而且还将他整个晚上，甚至有可能整整一天的心情都破坏了，他即便是在玩，只要一想起还没背出的那几行字或者那页墨迹斑斑的书，就会脸色苍白、浑身战栗。如果我们觉得学龄儿童的生活全都是属于学校的，那我们就大错特错了；事实并非如此，学校在儿童自然发展的过程当中只是占极少的一部分时间，大自然和家庭生活对儿童自然发展的影响，要远远超过学校的影响。学校没有干涉其他领域的权利，也没有通过作业的方式来妨碍人类的另外一些伟大的教育者——大自然和现实生活——给予影响的权利。

所以，在初等教学阶段，儿童应当在教师的监督和指导下完成全部的作业，教师首先应教会儿童学习，然后才可以将学习任务交给儿童，让他们自己独立去完成。

这种在课堂内由教师指导着学习功课的方法，会有很多的好处：第一，就像我说的，这样的上课并不会影响到儿童在家里接受周围的人和自然界的影响，也不会对他的食欲和睡眠造成影响，也不会破坏他做游戏时的兴致；第二，布置作业的教师能够对儿童是如何完成作业进行观察，在这个过程中也许还能发现自己在教学中的错误；第三，教师对正在做作业的孩子进行观察的时候，也是对他进行研究了解他的好时机，教师能够发现孩子学什么觉得容易，学什么觉得困难，并且能够预先防止任何一种错误的理解，要知道错误的理解常常通过死记硬背而变成智力上的缺陷，而到将来还得花力气去将这种智力上的缺陷根除；第四，儿童在教师的指导下学会学习，在初级阶段教学里，这一点的重要性甚至要超过学习本身。

有人可能会这样说：规定的上课时间这么少，又不能布置课外作业，这样根本学不了多少东西。这么说是对的，不过要求学生学习的东西也确实不多。如果一名儿童每天学两至三小时，连续学习三年，而且始终都在合理地学习，那么，他对将来学习中学的课程就有了充分的准备，而现在在那些 10 岁的、去参加入学考试的孩子当中，具有这样充分准备的几乎没有。我们的这名儿童将具备这样的能力：说话表达清晰，有条有理，朗读流畅，清楚地理解所读的内容（当然，所读的内容要不超过他的接受能力），可以迅速敏捷地计算四则范围内的心算和笔算，熟背 20 到 30 首诗，可以讲述 20 到 30 个小故事，可以条理清楚、准确出色地笔录内容简单的思想陈述，并且能标出主要的标点符号，没有重大拼写错误，能画出普通的物品（尽管一定要先打方格），画出自己的房间、家园、所处的街道、城市或乡村的草图，并将这幅图画描述出来，或者像德国人所说的那样，这叫作"读图画"。然而，最重要的其实是，儿童上中学时已经具备了学习的能力和愿望，可以相当长时间地集中自己的注意力和具有迅速掌握知识的能力，而那些缺乏学习习惯的孩子则需要很长时间才能掌握。对于 10 岁的孩童来说，这一切完全足够了。

有人会提出这样的问题，为什么有些地方开始学习的时间，要早了我主张的时间，化费的时间也要多于我规定的时间，而且还布置课外作业，然而结果大部分学校却连我上面说到的成绩的一半都没有达到呢？这里面的原因恰恰就是他们将儿童生活中的很多时光强占而来，又将时间中的大部分白白浪费掉，既不利于学习，又危害孩子身心健康的发展。其原因还在于，我国的初等教学是这样组织的：孩子一天当中，要坐在课堂上四小时甚至更长的时间，在这四小时当中，他要是能真正学习 15 分钟最多 20 多分钟就算很好的，而如果是这一天连一次提问都没有的幸运儿，那就是一分钟也没有学习就从教室走出去了。我们把儿童生活中的许多时间都给占用了，让我们问心有愧的是，我们不仅这一段对人的发展十分宝贵的时光白白地浪费了，还常常因为强制儿童一动不动地坐在教室里忍受烦闷的煎熬，而极大地影响了儿童的身心。如果我们组织安排的每一堂课，都能让每个上课的孩子自始至终都真正地处于积极活动的状态，那我们可能就会发现，我为上课安排的时间不是太短，而是太长，尽管亲身经历的人都会觉得每一段内容充实的时间都过得飞快。我们会发现那些孩子们课后会觉得疲倦，但是造成他们疲倦的，并不是烦闷和一动不动地干坐，而是学习，并且还可以发现，我们在一个小时当中做了很多事。我深信，教育方法的不断完善会让我们对时间的利用更为有效，随着时间的推移，即使现在在最好的学校里所指定的用于初级阶段教学的时数，也一定会显得太多。

我国从事识字教学的初等学校总在抱怨，因为一个班级的儿童一年中入学的时间先后不一样，无法面向全班学生进行系统的上课。当然，如果儿童入学的时间就是这样没有明确的规定——今天送来一个，过了一周又送来一个，整整一年中，就这样陆续不断地有学生被送来——任何系统教学都是无法建立起来的。不过出于方便家长的考虑，这种学校应该规定一年中的接受学生分为三批，再将一个班级分成三个小班。按程度高低把班级分成三个小班的做法，不仅没有害处，甚至还是非常有好处的，只要教师擅长在为一个小班上课的同时，为另两个小班布置有益的、他们可以自己完成的练习。我曾在瑞士见到过一些十分优秀的学校，那里的教师可以同时为六个不同年份入学的班级上课，并同时传授六年制学校大纲规定的六门不一样的课程。即使我没有要求我们的教师进行这样紧张而又多样化的教学，因为只有经过专门的训练才能胜任这种教学，但是，对于任何一位知书达理的、从事初等教学的人而言，同时担任一个班内三四个人数较少的小班的教学，在为其中一个小班授课的同时为另外的小班布置自学练习，尤其是在这些教学内容都在我国初等学校教学范围内，我觉得并没有什么困难可言。一些学生在书写，另一些在阅读，还有一些在做算术题，一些在听教师的授课——这才是学校最为正确合理的教学活动，它不仅不比教师本人自始至终向全班学生授课的那种做法差，而且是大大地胜过。

从前经院式学校把学习的所有负担都压在儿童的肩上，授予教师的只是一把戒尺，好可以对那些偷懒的学生进行管教。学校后来又陷入另一个极端：它把所有的负担都压在了教师身上，逼着他教育发展孩子，但又一定要让孩子不费吹灰之力就能实现这种发展。和这两种学校正好相反，新的学校对教师和学生的负担进行合理地分配和组织：它要求孩子们尽可能地独立地学习，教师则指导这种独立学习，并为其提供材料。

所以我认为，一个班级如果由根据发展和课业不一样的要求而依次排列的几个小班组成，和由发展上和知识上属于同一层次的同岁儿童组成相比，前者甚至能够为正确的教学活动提供更多的有利条件。此外，要是教师可以适应在同一间教室内同时为几个班级进行复式教学，并且真正地进入自己的角色——儿童独立学习的指导员，那么他就具备了对同一批孩子连续进行教学两三年的能力，而这正是初级阶段教学获得出色成绩的重要条件。在初级阶段教学中，如果同一个时期内有好几个教师授课，而且学生还每年都换教师，这就会导致很多损失，因为这样会让教学不再具有教育儿童和发展儿童的作用。

这一意见对家庭教学也是适用的，不过是在这样的情况下：为了节省开支，家长向不同年龄的孩子传授同一门课程，这样的做法是极其有害的，因为它耗费了一个孩子过多的精力，而同时却有另一个孩子的能力没有得到应有的训练，而且这样的教学，有可能在同一个家庭的孩子之间激起极其消极的情感——妒忌、虚荣，而这本应当是充满兄弟情的场合。只要男女教师不给孩子留课外作业，并且擅长为一个孩子授课的同时让另一个孩子自学，那么，孩子年龄上的差异丝毫不会成为障碍，相反还会对和他们同时一起上课是有帮助的。

在编写教科书的时候，我正是考虑到让教师有可能同时给几个孩子或几个小班授课，因此，从课本的最开始的几课开始，我就提供了供孩子独立活动用的练习。

第十一章
谈小学的最初几堂课

　　给刚入学的儿童上的最初两三堂课，可以用来在他们当中建立某种秩序，比如教师进行自我介绍，让儿童互相认识，并让他们对学校也有所了解；因此与其说这几堂课是上课，还不如说是进行谈话。这种谈话的语气应该尽可能地随便。教师和儿童交谈，应当使用他们在家庭环境中习惯了的语言，当然家长们有时会使用的那种粗话一定要避免。如果入学的孩子说的是一种特殊的方言，那么教师也应该说这种方言，并对他们进行逐步引导，让他们理解全俄标准语。不必对孩童含糊不清的话语做任何的模仿，但是也不应用对待大人的方式和儿童交往。我们那些表示亲热的小名：柯里亚、瓦尼亚、玛莎也都是适用的。

　　教师提问时应当面向全班所有的同学，然后叫出一个孩子的名字，这个孩子就应该进行回答。在最开始的几堂课内，教师一定要教会孩子适应这种问答形式。如果是新的问题，不是那么容易回答的，教师就请一个反应敏捷、比较能干、发展较快的孩子来回答，这类孩子的回答可以让胆小的孩子感到放松。对孩子的不正确回答，教师可以进行纠正，但是只需要纠正主要的方面就可以了，而且不能过分强求，这时请别忘记，说话中的不良习惯和缺点不是一朝一夕就能彻底都纠正过来的，如果让孩子确信自己的能力很差，完不成向他提出的要求，那是非常有害的。

在最开始的这几堂课内，教师还应当培养儿童按照口令和全班共同完成某些动作的习惯，这些动作是非常有好处的，不只是因为这些动作让儿童可以活动和伸展一下因为久坐而疲劳的四肢，还因为这些活动对教师激发学生的注意力，并让全班学生的注意力都集中在教师的话语和动作上来有很大的帮助。这样的动作不用有太多，但是一定要简便好做：起立、坐下、双手放在桌上、双手还原、举起左手、举起右手、离开凳子、换座位、第一座的学生起立、第二座的学生坐下，等等。如果教师可以教会儿童能够按照无声的口令及各种暗号做几个这样的动作，效果就更好了。

可以让全班精神振奋、和谐一致最好的办法，就是全班一起唱歌。一旦发现学生出现了疲乏、注意力不集中、打呵欠、精神不振、耍小顽皮等现象，就不妨让他们唱一首歌———切就会恢复秩序井然，孩子们的精力就会重新恢复，又可以像之前一样开始学习。

如果教师不会唱歌，那教孩子们全班一起朗诵诗歌或者读读谚语也是可以的：这也是一种可以让疲乏厌倦、神情不振的班级重新精神振奋的方法，在某种程度上也是能够作为唱歌的替代品。

　　我是不建议学校从最开始的几堂课就开始教读和写的，因为无数新的印象已经让刚入学的孩子眼花缭乱了：应该给他时间让他进行仔细观察，习惯自己的新环境，然后才可以指望他将注意力集中在学习上。

　　在最开始的几堂课上可以用给儿童看几张图画的方式吸引他们加入谈话，为他们演示，教会他们怎样数手指，用几根小木棍将教师在黑板上画着的简单图形拼出来，等等。如果教师还要为另一个班级上课，也可以提早给新生放学，但是绝对不能让他们觉得可以坐在教室里无所事事。

第十二章
谈直观教学

促进儿童口语的发展，毫无疑问是俄语教师一项主要的职责。当然毋庸置疑的一点是，发展口语的唯一途径就是练习。因此，俄语教师一定要让儿童进行口语练习，并且为这些练习提供指导。这项工作之所以基本成为他最重要的职责，还因为书面语言是以口语为基础的，而口语又是以思维为基础的；所以，俄语教师承担着为儿童提供能够唤起思想并激发用言词表述这个思想的练习的责任。如果不给孩子看一样实物或者这种实物的图像，那您准备用什么来激发他的思想，并让他能够说出具有独创性的一番话来呢？因此，直观教学被我列入俄语教师的职责范围，并且置于书写和阅读教学这两项工作之前，即使这三项工作毫无疑问应该同时进行。

在我们国内，对直观教学的问题的讨论不少，文章也写了很多，但是让它在学校和家庭中得到贯彻的实际工作，哪怕是缓慢地贯彻的，却基本上是一片空白。在我们国内，甚至连直观教学本身好像都没有被顺利地接受，出现了很多的反对者。在我看来，上述现象恰好可以完全证明这样一点：我们对高级思想领域的津津乐道十分热衷，却对教育不屑一顾，从来不肯花时间仔细研究一下初级阶段教学的思想本身，以为这项工作要么是太容易，要么就是过于微不足道，所以初级阶段教学的思想在我国好像还处于某种还没固定的形式，一直都是模糊不清的，还没有渗透自觉意识之光。否则我们就应该把直观教学列入给儿童上最开始的几节课时必不可少的、一定要做的事。

什么样的教学是直观教学呢？就是这样一种教学：它并非由抽象的概念和词语构成，而是以儿童直接所感知的具体形象为根据，而这些形象可以是在教师指导下的孩童直接在课堂上感知的，也可以是孩童在上课之前通过自己的独立观察而感知的，因此，教师可以认定在孩童的心灵中已有一个现成的形象，并且以此为前提和基础而进行授课。

这种从具体到抽象、从表象到思维的练习过程是十分自然的，并且是以明显的心理学规律作为基础。所以，只有否定教学一定要适应人的一般天性，特别是儿童的天性的人，才会对上述学习过程的必要性表示反对。

在人天生的内部思想力指导下进行的所有思维过程，只能由我们从外部世界感知到的那些要素组成。思想是属于我们的精神的，而为加工和表述这个思想提供材料的，只能是我们所看见的、感觉到的外部世界，除此以外，再没有别的来源了。我们的一切语言，都渗透着这些源自外部物质世界的影响。

所以，我们从外部世界通过直接感知获得的形象，是我们的思维能力加工过程唯一的原材料，即便加工所得的思想是属于我们的。

虽然我们永远都不可能，连说一句话都不可能将我们所使用的材料彻底摆脱，然而，在我们开展科学研究的时候，我们已经慢慢地养成了摆脱它们而进行抽象思维的习惯。但是儿童呢，如果能够这样表达的话，他是以形状、颜色、声音，总而言之是用感觉来思维的。如果有谁试图改变儿童的思维方法而压制儿童的天性，那他一定是会枉费心机的，同时还会给儿童带来危害。如果能够让初级阶段教学做到有声、有形、有色彩，简而言之，让它为儿童的感觉尽可能大量地接受，那么，我们就能让我们的教学适应儿童的接受能力，并且我们自己也对儿童的思维世界有所了解了。

我们所作的结论是否准确，我们的思维是否正确，首先是由我们用以得出逻辑结论的资料是否准确决定的，其次，也是由推论本身是否准确决定的。不管我们的结论在逻辑上多么准确，如果我们从外部感知的资料是错误的，那么结论一定会是错误的。初级阶段教学应负的职责由此产生——教会儿童对事物进行准确观察，用尽可能准确的、完整的、鲜明的形象丰富他的心灵，这些形象以后就会成为他思维过程的因素。

任何一种没有僵化、并非无的放矢的教学，都会考虑到对儿童适应生活的能力进行培养，而生活中最重要的，是擅长从各个不同角度对事物进行全面的观察，透过它所处的诸多关系来认识它。如果我们可以进行深刻的研究，人身上的什么东西，一般是被称为美好的，甚至是伟大的智慧，那我们就会发现，这主要是指从事物所处的客观现实、周围的一切关系入手，全面地认识、了解事物的能力。既然教学要求发展儿童的智慧，那它就应该对他们的观察能力进行训练。

在我们自身的记忆中，那些保持得非常牢固的东西，通常都是我们经过亲身观察而感知到的那些形象，而且在这个铭刻在心的画面的帮助下，我们甚至能够轻松地、经久不变地将一些抽象的思想召回，如果没有前面的那些形象，我们可能早已经将这些抽象的思想忘得一干二净，谁对此没有亲身的感受呢？

儿童的天性显然对直观性尤其需要。如果您教给孩子五个生词，他为了将它们记住，就得折腾好长时间，还是徒劳无功的；但是，如果您是在讲解挂图时用上了二十个这样的生词，那么孩子却可以一听就记住了。您将一个非常简单的思想讲给孩子，但是他就是无法理解您的意思；如果您将一幅复杂的图画给这个孩子讲解，他却能够马上就理解。您不妨这样做下实验，为两个才能一样的孩子讲述同一个事件：一个孩子是用图画的方式作讲解，另一个孩子则不用图画——这样您就会领悟图画对于儿童的所有意义。

演示图画和按图叙述，都是教师拉近与儿童距离的最好手段。除了向孩子们演示图画和为他们讲解图画这两种手段，您是没有办法将隔离成年人和儿童，特别是隔离教师和学生的那堵墙迅速地拆除的。假如您走进的是一个难以使之开口的班级（而在我们这里这样的班级随处可见）——只要一展示图画，班里的同学就都会开口了，而更为重要的是，他们说起话时是轻松、随便的状态，这恰恰是俄语教师所需要的，只要他没有缩小自己的责任到只教孩子读书、写字和正字法的范围。

在直观教学的进行过程中，可以说教师是直接参与了儿童语言的形成过程，并且能够为这个过程提供指导，同时，由那幅图画来完成主要的工作：它可以对错误的修饰词进行纠正，对结构紊乱的句子进行调整，一句话，实际上它轻而易举地承担了教师的一部分工作，而教师通过言语要想完成这部分工作会是非常艰难的。

在德国和瑞士，关于直观教学已经没有任何的争论了；有争议的不过是应该将直观教学作为一门独立的学科开设，还是只是让所有科目的教学都贯彻直观性就行了。我认为最实用的办法是，最开始的阶段直观教学单独开设，直到孩子们读书不觉得费力并读得相当可以，然后直观教学就可以和学校所用的读本的讲解结合在一起了，当然，这种办法只有在读本本身与系统直观教学的要求相符时才可以使用。在编写《祖国语言》时，我就考虑到了这一点；不过，书中安排的图画当然只能让部分的阅读具有一定的直观性。

至于在小学一年级将直观教学作为一门课独立开设，我只能阐释这是一种迫切的需要，但是却不能为满足这个需要提供什么。出版一些供直观教学用的大幅图画花费昂贵，但是我们的社会和学校又缺乏对这些图画的迫切需要性的认识，所以未必有人肯为这项工作支付一大笔资金下定决心。因此，我只能向从事初级阶段教学工作的俄语教师提出如下的一个建议：请设法找到几十张还可以用的旧图画，它们的内容应该可以吸引孩子们参加交谈；风景画、描绘动物和植物的画、描绘人民生活中一些场面的画等都可以用。教师可以为按图谈话编制一个提纲，并在进行这些谈话时做到从容不迫，但是千万不要有过分繁琐的细节，这会让学生感到厌烦。不要让儿童提前就看见图画，也不能把图画挂在教室里，这样孩子们就会失去了兴趣。由教师一幅接一幅地把图画带进教室里来，当讲完了一幅图画的内容，并且孩子们已具备了按照他们年龄的水平来叙述这幅图画的技能的时候，教师就要开始讲一幅新的图画了，就算是这样的直观教学，能够取得的成绩也将是非常可观的。但是，希望教师们不要以为直观教学就应当办成这样。正确的直观教学是拥有自身的体系、规则和方式的，我认为在这里详细介绍这些内容是多此一举，因为我国暂时还没有开展这种直观教学所需的资料。

第十三章
谈课堂讲述

教师进行口头讲述，学生仔细听完后进行转述，这样的讲述是初级阶段教学必不可少的补充。和阅读相比，儿童对听是更感兴趣的，因为在最开始的两三学年里，阅读过程本身容易让儿童感到疲劳。此外，一定要让儿童不仅能读，还能用心地听讲，并能将听到的内容掌握和转述出来。

教师中没有多少可以掌握课堂讲述艺术的人，这并不是因为这是一种极为罕见的天赋，而是因为要让自己具备彻底符合教育学的讲述能力，即便是天资聪明的人，也得付出巨大的努力。

符合教育学的讲述，不仅应该与别的任何讲述一样，应该是生动有趣的，而且还应该包含真正的教育特性：它应该是非常容易地印入儿童的脑海，应该在故事讲到结尾时，让儿童还对故事的开始和中间的内容记忆犹新；让儿童只记细节而没有抓住主要内容，或者觉得主要内容因为缺少细节而枯燥乏味，都是不应当的。

只要是儿童可以理解的内容，都能够充当讲述的题材，要是教师自己积累的儿童故事不够，也可以在儿童书籍和文选中选取材料。但是对于这种借用来的故事，教师不仅应该提前掌握好，而且还要全面地加工，让学生听了教师的讲述，完全不会听出有别人的句子。

在前面我已经介绍了怎样由全班学生一起复记书中读到的故事和童话的过程，同样也可以这样来复记教师口头讲述的故事。开始全班学生一起回忆教师的讲述，然后所有的学生都应该重复这篇讲述。

儿童的心灵还没有被大量的印象填满，它可以轻松地掌握任何一种具体的形象，与此同时，他们对抽象的语言无法理解，也不具备学习历史所必需的那种连贯性。到了将来，儿童现在所感知的这些具体形象，才能作为建立宏伟的历史知识大厦的材料。如果谁打算提前开始这座大厦的建造工作，实际上是向儿童的心灵提出了一个满足不了的要求。

这些材料越是在儿童的心灵里牢固地扎根，儿童就越是可以自如地掌握这些材料，这些形象越是鲜艳清晰，将来建造大厦就越是容易、方便以及迅速，建造的大厦本身也会越坚固。

为了让遗忘的内容得以恢复而复习，这本身就说明教学中是有问题的，也表明学校教学大体上搞得非常糟糕。教学糟糕的学校和质量糟糕的建筑物一样，得不断地进行修理，不断地进行改进，却永远都完善不了；好的学校则不一样，它持续地复习已学的内容，从来都不需要修补。儿童本身对复习曾经熟记但已遗忘的内容是极其讨厌的，但对讲述和转述他们已经记住了的内容非常喜欢。我所指出的儿童的这种天性，请善加利用，持续进行防止遗忘的复习，好永远都不必去复习遗忘的东西。遗忘，在某种程度上来说也是一种坏习惯，如果儿童被灌输了很多却毫无条理可言的内容，他们往往会很快就忘记了，这样的儿童将来的记忆力就会非常糟糕。

我国的学校有一个非常大的缺点就是遗忘，他们向儿童大量地灌输内容，却几乎不去过问灌进去的东西里，有多少是印在了儿童的脑海里。如果学生忘却的少于教师给他们的还算可以；可是如果是一样多，那么他的头脑里就是空空荡荡，而比空空荡荡更糟糕的是，学生就此养成了什么都掌握得不牢固、遗忘却很迅速的习惯。

至于每一则个别的故事怎么样传授，有多种多样的方法，不过不管怎样，教师都要提前对自己的讲述进行周密的考虑，如果还没有讲述的习惯，甚至可以把它写出来，您先自己仔细地读一遍，设想一下，哪里一定要向儿童作讲解，然后分别将第一次讲可以进行叙述和讲解的内容，还有第二次、第三次讲同一则故事时可以进行补充的内容作上记号。

某一事件第一次讲述的时候，只介绍它的要点以及两个生动有趣的细节就可以了。如果第一次就详细地讲解事件，介绍了过多的细节，那么在儿童的脑海里整个故事都会化为乌有。一开始时可以在他头脑中少印入些东西，但是一定要记得扎实，以后才能在这个拥有牢固根底的基础上一点一点地补充，建造起一栋大厦。

在将一个故事讲述给儿童时，那些构成故事实质内容的事实、人名和表达法是应该着重强调的，讲述结束后，可以向孩子们提出问题，开始时应该提让孩子们可以通过回答将故事的要点转述出来的问题，然后才是另外一组包含故事所有细节的问题。

这样一来，孩子们利用回答您的问题，而完整地复述了您的故事，您这时才可以要求学生中能力最强的将听到的内容系统地、连贯地讲述一遍。在聆听学生讲述时，您要尽可能不去纠正他，除非发现他出现非纠正不可的问题，比如偏离了主题，他遗漏一些不那么重要的细节是可以允许的。当一个学生叙述完了，再让别的学生对他的遗漏之处进行补充，结果呢，就像我前面已经说过的那样，全班学生共同努力，完整而准确地复现了整个故事。

对于孩子们已经掌握的故事，应该尽可能经常地复习，教师可以在每次重复讲述时，加进去一些新的讲解和补充。

一段时间以后，比如在第二学年，教师重新讲述那个儿童已经掌握了的故事，并补充一些新的、他们还不了解的细节和情节进去，这种做法是非常好的。学生们应该（而且很容易做到）指出教师在这次讲述里补充了哪些新的内容，这样一来，这个新补充的内容就会在孩子们的记忆之中深深地扎根了。

第十四章
谈初级阶段的语文教学

　　教儿童学习祖国语言的目的有三个：第一，让学生那种天生的、被称为语言能力的精神力量得到发展；第二，引导学生自觉地将祖国语言的瑰宝掌握；第三，让学生将这个语言的逻辑，即有着自己的逻辑体系的语法规律掌握。

　　这三个目的并非先后依次实现的，而是一起实现的。为了叙述得清楚，我要分别讲一下如何实现这三个目的。

一

　　第一个目的是语言能力的发展。语言能力是人的一种天生就有的精神力量，所以，它像所有体力和精神力量一样，只能通过练习来得到增强和发展。教师要想让学生的语言能力得到发展，就要持续地锻炼这种力量。如果这种精神力量没有得到及时的、足够的训练，那么即便是熟谙语文、精通语法，虽然可以让学生的智慧得到丰富，但对他的语言能力发展却没有什么作用。

　　那么，这些训练语言能力的练习应该是怎样的呢？

第一，它们应该是（尽量）独立的，即应该是实在的，而不只是表面上的练习。

如果在教师的帮助下，一个孩子理解了一个由作家表达出来的思想，而且将用来表达这个思想的形式掌握了，这也并不意味着他让自己的语言能力得到了锻炼——因为这仅仅是丰富了他的智慧，而他自己的语言能力却可能并没有获得发展。用自己的语言将读过的材料复述出来，这也并不是一种好的训练语言能力的方式，因为在孩子复述的时候，要努力去掌握那远远高出他本人发展水平范围的思想和语言形式，而所得到的结果，却只是吞吞吐吐、遗漏了很多句子，作家的思想被他进行了不合逻辑地重新安排，所以作家的思想和语言被歪曲了，所以还不如让孩子彻底记住作家的思想。

中、高年级写命题作文一般也被归入这类练习，然而如果我们读一下这些作文，就容易发现，它们无非是用一些记熟的句子来进行书面空谈。下述的情况我们总会遇到：我们读到了一个学生写的言词夸张的作文，然后请他写一封简短的信，你就会发现，他们的独立言语能力其实十分糟糕。此外，这些作文写的就算并非学生理解不深的、从来没有见过和体验过的事物，也往往都有两个不足：首先，得到训练的只是书面语（我们在以后详谈这一点）；其次，开始写作文的时间较迟，而且没有提前的准备。如果学生之前并没有练习过表达一个或一些思想，那么就不应该让他写篇幅较大的命题作文。

所以，我们不是完全否定写作文的益处，而是正相反，认为一定要在教授祖国语文的最开始的几课起就让学生写作文，一直写到最后几课，作文的内容要逐渐扩大和加深。如果将作文理解为语言能力的训练练习，那么写作文就应当是祖国语文课上的一种主要作业，不过应当是一项真正的练习，即让学生尽可能独立地将自己的思想以口头或书面的形式表达出来，而不是将别人的句子拼凑在一起。

不过，如何在训练语言能力的过程中培养独立性呢？我认为，最好的手段，可能也是唯一的手段，就是直观性，即学生所写或说的事物要具有直观性。最起码在最开始的练习中，这是完全必不可少的。呈现在学生眼前的或者能够深刻印入学生记忆的事物，它不用借助别人的话语，就可以自然而然地启发学生的思想，而假如学生的思想是错误的，它也可以将这种错误思想纠正过来，而假如学生的思想是不完整的，它也能对其进行补充；而假如学生的思想不符合逻辑，它还可以让其形成一个自然而正确的系统。在进行最开始的训练时，一定要让事物直接反映在孩子的心灵里，让学生的感觉通过老师的观察和领导变成概念，从概念构成思想，而思想又以言词的形式表达。这才是真正的对思想进行最初的逻辑训练的练习，这样的练习决定了言语的逻辑性，也就是正确性，通过这种练习，将来就可以锻炼出符合逻辑的言语还有对语法规律的理解能力。我们是应该让孩子们说和写即使并不是完全陌生的事物，在他的心灵中却只有模糊印象的事物呢，还是让他说和写即使没有呈现在他的眼前，不过起码在他的记忆中有鲜明的印迹的事物呢？两者间有很大的差别。后一种对象本身就会向孩子们提问，对他们的回答进行纠正，并让其成为一个系统。这样一来，孩子就会进行独立的思考，独立地进行说和写的活动，而非从老师的嘴里或者书本中捕捉语句。比如，哪个孩子不曾注意过马？哪个孩子的记忆里，没有对这种动物的鲜明印象？哪个孩子不提前准备就说不出来马有几条腿或者马颈上有什么、马吃什么？如果孩子将某一个本质性的特点给忽视了，那么老师只要指一下图画就可以了；如果没有图画，借助比较（和与孩子们一样熟悉的动物做比较）也可以提醒那个被孩子忽视了的特点。比如如果孩子没有注意到马蹄的结构，那么只需要提一下牛的蹄子，孩子就一定会想起马蹄和牛蹄的区别在哪里，因为他的记忆当中已经有马和牛的鲜明形象了。如果孩子描述马描述得不够确切，那么只需要指着马，就可以轻松当场纠正他的描述。

也许有人会对我们说，这种直观教学中给学生进行观察的事物是属于专门学科的。然而我们认为这种观点是非常肤浅的。在直观教学中，对于事物本身来说，熟悉事物的作用是次要的；直观教学主要是为了对观察能力和逻辑性进行训练，对正确地表述自己观察的情况的能力还有由此作出的逻辑结论的能力进行锻炼。这难道不是学习祖国语言中的初级阶段的训练形式吗？所以，那种将直观教学和学习祖国语言分割开来的做法是大错特错的。在初级阶段教学中，如果将这两者生硬地分开的话，直观教学就会将其主要目的丧失，而祖国语言的教学则会丢了一个最为坚实的基础：敏锐的观察、正确地将观察所得归纳为思想，并用语言把这个思想正确地表达出来的能力。

正因为如此，在初级阶段阅读教材中和直观对象有关的文

章应该占主要的地位。这种阅读只有在教师和学生就有关文章
中述及的对象作了初步谈话之后再进行，才可以将这种阅读的
效用充分发挥出来。在谈话中教师要做到，让学生随后在阅读
文章时，可以了解所有的思想和所有的表达方法。这应该成为
理论阅读的基础，对任何一个人来说，这种理论阅读的重要性
都要高于审美阅读。如果一个孩子读了几篇文章后可以完全理
解它们，不只是对思想的完全理解，对思想与思想之间的联系
也完全理解，那么对孩子而言是非常有意义的。

正因为如此，供初级阶段阅读用的书籍编选文章，不能去
各个作家的作品中找，而应该选择那些专供初级阶段阅读而写
的文章。举个例子，阿克沙科夫和屠格涅夫的作品中对自然界
各种对象的描写都是非常出色的，不过它们适合初级阶段的理
论阅读吗？完全不适合：形式的美抑制了孩子，他无法理解实
质，而老师也基本无法就所描绘的对象和学生谈话，因为他必
须讲的基本只是作家的表达方式，而讲这些还为时过早。作
家写作时想到的是成年人，所有成年人所熟悉的东西他都略
过，只于精致微妙的地方着眼。而这些精致微妙的东西往往是
作家以其非同寻常的才华，又好不容易才捕捉到的，孩子们是
无法理解这些精微奥妙的东西，还有对象的诗情画意和作家
的才华的尊严。如果诗情和画意已经蕴含在了孩子的心灵当
中，那么它也是以朦胧本能的形式存在着，可以滋养它，但是
不能让其成为一种自觉。这样做太早了。

第二，语言能力的训练练习应该是系统性的。如果我们要
增强肌肉的力量，提高它们的灵巧性，就该进行系统的、循序

渐进的锻炼，并按照肌肉的力量和灵活性的发展而不断提高练习的难度。过度的锻炼或者肌肉还适应不了的锻炼，只能累伤肌肉，让它发展迟缓。而过于轻微的练习也不会让肌肉得到发展，因为肌肉完成这种练习，都用不到已有的全部力量和灵巧。我们在锻炼所有精神力量方面也会发现这种情况，所以，在训练语言能力方面也是一样的道理。

对语言能力的训练练习也应该有系统地进行，不应该用过分的要求去压抑这个能力的发展，而是要每次给的练习都需要用上这一才干已经获得的所有力量才能够完成。每个新练习要和之前的练习有联系，既要用的是之前的练习，又要向前跨出一步。举个例子，在和孩子们一起对某个对象进行考察了之后，在转向另一个对象时，不要将已经考察过的那个对象彻底搁在一边，而要将它作为更全面地掌握新对象的一种手段。在一步步地前进过程中，不应该将已经获得的东西弃之不用。比如，在对很多的哺乳动物进行了考察之后，就不妨以一整类动物作为练习的对象，在这类练习里面，每一个部分对学生来说将会是生动的形象，而不会是抽象的模糊概念。让孩子掌握用这种生动而又正确的形象来判断，就为他的推理能力打下了良好的基础：我们的论断是由我们感受的形象所组成的，这些形象越是真实、完整，越是鲜明，作出的论断也就越正确。

我们就是根据这一些理由，主张系统叙述自然现象和各种直观对象，而不赞成通常在文选中常见的那种没有条理的叙述。

在阅读这类文选中的文章时，教师基本不会需要使用（即便需要也是偶尔的）前面已经讲过的东西，于是很多从前所作的讲解，很可能还包括一些之前获得的明确概念，就会从孩子们的记忆中消失了，原因不过是使用它们的时候很少，而这却是一个违背了教育学原理的大错误。让孩子们一点一滴地进行掌握，但是不要将已经掌握的东西丢掉，而且还要利用它来掌握新的东西。难怪贝内克说，任何一个获得的概念都会变成一种精神力量，这种力量能够让以后掌握新的概念更加容易、更加完整。心理规律就是如此，以心理规律为基础的教育学规则就是如此。

练习的系统性也应该在教师根据孩子们的力量在比较多的程度上或是比较少的程度上参与练习这一点上体现出来。孩子们在语言能力上发展得越好，教师对他们的帮助就应该越少，而他们在练习中也就应该有越多的独立性。毋庸置疑，在一开始的练习活动中，教师必须要持续地对孩子们的观察、思考和语言活动进行指导，而且对于那些最具体的问题，如：对象的名称是什么？它的某部分的名称是什么？是什么颜色的？等等，如果孩子们能正确回答，教师就应该满意了。随后教师可以把一些问题组合在一起，好让学生可以用复合句来回答这些问题，比如马吃什么？马有哪些毛色？诸如此类。接着问题还可以再扩展，让孩子用几个句子来回答，比如牛是怎样吃东西的？马是怎样吃东西的？驴在什么方面像马？在什么方面像牛？然后再提出一些得用一系列句子来回答的问题，比如：请列举这个动物身体的各个部分，对它的外形进行描述，再说一声：它是怎样生活的？它都吃些什么？在哪儿住？要做到让孩子们一点点地可以完全独立地描述那些书上从来也没有讲过，但是孩子们却能看到的对象。

第三，练习应该是符合逻辑的。语言的能力主要凭借人的思想的逻辑能力，凭借它可以从具体知识出发，展开抽象的思考，并将这些具体知识上升为一般概念，再对这些概念进行区分和组合，寻找它们之间相同的和不同的特征，将它们融合为一个一般判断，等等。这个全人类共同的逻辑构成了语言的基础，而且表现在它的语法规律之中，所有语言的语法中之所以都有很多相似的地方，就是因为这一点。所有的语言都力求用各自的语法形式来表达同一个东西，也就是人的思维的逻辑，但并不是所有的时候都用同样的形式来表达这一点。语文老师始终在和孩子们的逻辑能力打交道，而这种能力的缺少，最直接的反映，就是概念模糊或偏狭，所以也就以书面语和口语的含混和不正确的形式表现出来。所以，发展孩子们的语言能力，基本都等同于发展他们的思维的逻辑性。此外，很好理解的是，对于进一步学习各门课程来说，这种符合逻辑的思考习惯会是多么的必要，正是它让学生有可能符合逻辑地学习，即发现所学功课的中心思想，并将次要思想和主要思想联系在一起，将叙述体系的本身抓住，而不是只会死记硬背那些现存的词句。教会孩子们学习——这正好是语文老师的主要责任之一。

为了实现这个目标，为了让孩子们思维和语言的逻辑性得到发展，除了自然界的对象外，我们找不到别的更有用的对象。自然界的逻辑是孩子们最容易理解的逻辑，这是直观的不容辩驳的逻辑。每个新的对象，都提供了借助比较方法对思考能力进行锻炼的可能，将一些新的概念引入已经获得的概念的范围，将一些已学过的归纳为一个类。每一个物理现象也是可以极好地训练孩子的逻辑能力。孩子在进行这种练习中可以直观并实际地掌握一些逻辑概念：原因、结果、目的、使命、推理和结论，等等。

不言而喻，在上最开始的几课的时候，不应当用任何一点的逻辑术语来为难孩子。不过在孩子们已经习惯了推理，并且习惯了简明而又符合逻辑地将具体的事物表达出来时，就可以让他们了解一些逻辑方面的术语。

第四，训练语言能力的练习，应该既有口头的练习，又有书面的练习，而且口头练习应该比书面练习早。我们现在的学校里对学生口语的训练完全不重视，孩子们在学校里要么不张嘴，要么回答背熟的课文，要么针对老师的提问，给出一些不连贯的、没有联系的回答。在孩子们口头表述自己思想的能力这一方面，瑞士和德国的学校和我们的学校之间的区别是最多的。不过这种能力并非德国人特有的才能，而是学校长期努力的结果。甚至我们的教师讲话能力也不如德国和瑞士的教师（我指的是教育学的意义上的），而且在他们之中有这样的一些人，对自己所教的课程十分精通，而且很具有教育分寸感，但是却对将一些最简单的东西解释给孩子们感到为难：他们说不清楚，无法一下子抓住对象的实质并将它表达出来，而是拖拖拉拉，兜来兜去，要么就是话说得很快而吐字不清，偏离了自己所讲述解的对象，等等。在私人谈话中，这所有口语方面的缺点都是令人不快的，而在事务性的交谈中则有很重要的意义。我们总能遇到这样的人：他们相当聪明，可以说富有学识，但是让他们说明某一件事情，他们就会为自己缺乏口才而感到痛苦：他们让听的人都觉得厌烦和疲倦，他们在生活中会损失许多东西，只是因为学校当初没有对他们天生的语言能力的发展表示关心。在德国和瑞士的学校中，孩子一进学校就开始接受口语训练，一直到他们从学校毕业。在这些国家的学校里，和对书面语的训练相比口语的训练更受重视一些。

在进行的口头提问时，应当遵循一条看上去无足轻重的，但其实十分重要的方法论原则。不管什么时候，都不要向一个学生提问，而是要向班级整体提问。能回答这个问题的学生举起手来，然后老师就说出那个应该作答的学生的名字。这样的做法一开始仿佛会减缓教学进度，但是从这以后的教学活动就会迅速开展，而且能够让课堂保持肃静，国外所有相当好的学校里都采用这个方法，它非常有实用的意义：首先，不是一个学生，而是整个班级要听老师的提问，并准备作出回答，这就是为什么德国和瑞士的学校里后进的学生要少于我们的；其次，教师能够从举手的数量来对整个班级对他的讲解埋解的程度作出判断。教师在讲解时，也可以采用同样的方法：将一个思想讲解完后，可以让听明白的学生举起手来，听不懂的则不用举。教师要评价举手的学生，和其中被发现是不该举手的学生。

训练语言能力的书面练习应该布置在口头练习之后，布置要循序渐进，要将孩子们的年龄、发展程度、机械书写技巧以及书面表达思想的能力都考虑到。

在和学生进行了交谈，并读完了关于交谈的文章之后，教师们就很容易选出几个问题来，对这些问题孩子们要么已经给出了口头的回答，要么可以通过和别的问题类比的办法轻松地作出回答。教师们在黑板上写出这些问题的时候，应该想到这个问题的可能的答案，应该考虑到这个可能的答案是否与学生的能力和他们的正确书写习惯相符。比如如果孩子们的能力比较一般，一开始可以提一些学生回答起来只要重复一下问题，再加上一两个字就行的问题，不管学生回答老师的问题是口头还是书面的形式，都一定要遵循这一点，起码是在学习的最初几年里应该这样做。这种形式最简单的书面练习是非常有益的。对这些小作者而言，光是把提问改为回答和重抄一遍老师所写的东西就非常有益处了。之后的书面问题应该慢慢复杂起来，就像口头提问一样，关于口头提问的问题，我们之前已经探讨过了。

一定妥善安排好要提的问题，让对这些问题的回答成为严整的、描述对象的短句。在孩子们作出回答后，要和他们说，应该怎样连接起来这些短句，尽可能地让它们成为一篇严整的讲话。

除了描写性叙述之外，还应该训练孩子们做一些在时间上具有连续性的，也就是历史性的叙述，叙述一件随着一件发生的事情。

讲历史故事，第一次应该将事件最主要的特点讲出来；而当这些特点已经深深地印在孩子们的脑海里时，就应该补充一些次要的事情和细节。一个深深印入脑海的主要特点日后可以接受大量和这个有关的细节。然而如果您一下子就将故事讲得很细很长，那么孩子将只会关注那些细节，而将主要的东西忽略。

可以让全班级一起来复述老师的口头讲述，这样的做法益处很多：因为有一个学生忘记了一部分，但是另一个学生却会想起来；而且只要老师故事讲得比较有趣，安排得又和教学原则相符，那么全班学生也能够将这个故事连同它的所有细节再现出来。全班级能讲出来的东西，以后每一个学生也一定能够讲出来。这种讲故事的方法在一年之内不宜用得太多，但是以后一定要经常重复这些故事，开始是口头重复，之后用书面的形式进行复习。

二

俄语教学的第二个目标是将由人民和作家创造的语言形式掌握。但是，要弄明白这个目标，要了解实现这个目标的手段，首先应该清楚，我们要教的那个人民的语言究竟是什么东西。

人民的语言并非由一个人的语言能力的创造性才干创造出的产物，也并非一个人一生所创造的产物，而是无数人、无数代的创造性才干的产物。

在数千年的过程中，人民在亿万个个体之中，用语言形成了自己的思想和自己的感情。国家的自然环境和人民的历史反映在人的心中，并利用语言表达出来。人终究是会消逝的，而他创造的言词却将是不朽的，是人民语言取之不尽、用之不竭的宝藏。语言中的每一个词，它的每一种形式，每一种表达方法，都是人的思想和感觉的产物，国家的自然环境和人民的历史利用人的思想和感情，用言词的方式反映出来。我们继承了祖先的言词，不过我们所继承的不只是表现我们的思想和感情的手段，而且还继承了这些里面包含着的思想和感情。这是人民的所有生活遗留在人间的唯一有生命力的遗物，而我们就是这些生机勃勃的财富的继承人，这些财富是人民精神生活的所有成果。

我们将孩子们引入人民的语言，即将他们引入人民的思想、感情和生活的世界，也是引入人民的精神领域。应该以这个观点来看人民语言的学习的第二个目的。正因为如此，我们在让孩子们学习一篇口头文学作品，或者是学习一篇作家创作的作品时，如果我们真正做到了让学生弄明白了作品中反映的思想和感情，我们才能算得上引导同学去掌握人民的语言的各种形式，与此同时又利用语言的各种形式，引导孩子来理解人民的生活、人民的诗文还有人民的逻辑，简而言之，将孩子引入人民的精神领域。孩子只有领悟了那些创作语言形式的思想和感情，才能够算得上真正地掌握了这个语言形式，并从这个形式中得到了一把钥匙，它可以开启人民的精神财富宝藏。我们要从这个观点来对学习人民语言的所有意义进行理解，要明白，从事语文教学工作，就意味着要承担起通过言词将孩子引入人民的精神生活的领域的责任。这就是为什么在学习一首诗的时候，不管是柯尔卓夫的作品，还是克雷洛夫的寓言或者是普希金的诗作，或者是一首民歌或民间故事，我们首先都应该自己先对这个作品有充分的了解，应该对它作出严谨的、逻辑的和审美的评价，并且要清楚，其中什么东西是有人民性的东西以及它值得我们学习的原因。此外，我们还应该将每一部这样的作品都视为一个窗口，透过这个窗口，我们可以将人民生活的一些方面介绍给孩子们。

不过让孩子们只读懂这类作品还远远不够，还要让他们学会感受作品。在文艺作品当中，有很多东西只能感受，而无法用理智来进行解释。

这两个要求——首先要让孩子们读懂范文，然后要让孩子们感受这个作品——在实践中往往是相互矛盾的。冗长和详细地解释文艺作品，会让它对感情的影响被削弱，但是在另一方面，一篇范文只有被彻底地理解了，才可能影响感情。为了不让这种困难出现，应该首先让孩子们了解那部准备读的作品，然后再去读它，不用过多的解释去削弱印象。比如您在为孩子们读一首柯尔卓夫描绘人民生活的诗歌之前，先和孩子们就人民生活的这个主题进行一次交谈，而且要通过这次交谈，让柯尔卓夫的诗歌成为你们谈话的富有诗意的成果，这样孩子们一方面容易理解柯尔卓夫的诗歌了，而且还可以充分地接受它的富有诗意的影响。如果您想为孩子们读一篇克雷洛夫的寓言，那么您就可以先在儿童生活中找出一种情况来说一说，这种情况正好将克雷洛夫在寓言中抨击的那种弱点或缺陷反映了出来。在讲述这种情况时，您就已经可以运用克雷洛夫在寓言里那些民间的表达方法，然后您再通读一遍寓言，它的幽默以及其中的民间表达方法就影响孩子们的情感了。

如果讲的是寓言和诗歌，那应该在上课时就差不多记熟，

不要让孩子们在课外花大力气去背熟，因为这种死记硬背诗歌
不光费力气，还会将诗歌给予孩子心灵的审美印象毁掉。而在
课堂上有老师的指导，老师提出一些问题来帮助孩子记忆，很
快就能将一首诗学好。

除了上面说的目的之外，在学习民间文学的优秀作品时，
还应该注意为将来文学史的学习准备材料，而且不要仅仅是将
这种材料告诉他们，还要帮助他们弄清楚某部作品的真正意
义，对作品作出与学生年龄相符的评价，比如对作品的逻辑严
整性、对现实的忠实性以及语句的中肯性等进行评判。应当将
那种只能教会学生说漂亮话的空洞赞词废除。最好是让作品
自己对孩子们的心灵产生影响，而不要用这种评论将作品庸
俗化。

从我们的文学中选择优秀作品供初级阶段教学使用是很困
难的，我国基本没有儿童文学。在我国，一个优秀的、为儿童
们写作的作家都没有，此外，我国过去具有全人类性的诗歌
已经陈旧了，而且儿童们也接受不了它们的形式。而新诗歌
呢，又具有否定和呻吟的倾向，这种倾向虽然在历史现象中有
其根据，但它一点都不适合于孩子们学习。儿童没有什么要否
定的，正面的、积极的养料才是他所需要的。只有那种根本不
了解儿童有什么需要的人，才会用绝望、仇视和鄙弃等感情
来"喂养"儿童。我们可不要忘记，愤怒的诗句，"充满痛苦
和怨恨的诗句"在儿童心中引起的反应，和在我们心中所引起
的反应并不一样。如果我们硬把这种诗句塞给儿童，就会让孩
子的幼小脸庞上出现老人样的怪相。糟糕的是，这种硬装上去

的怪相有时还显得非常的顽固，因此在我们这个时代，在这种俄国文学教师的努力之下，有时就能看见这样的 13 岁男孩：他经常露出蔑视的笑容，言谈中充满了恼恨。这算是什么样子呢？是时髦的谎言，但终究是谎言，它根本没有那些赞誉古老颂诗的背熟了的赞词好，也许还会更糟糕。请别再生硬地，也别过早地在儿童身上发展任何感情，如果我们不想让这种感情，就像用孩子的手将花苞硬掰开的话。被生活事实影响而在我们身上发展起来的感情，可以也由事实来表现。那种由语言发展起来的感情，也只能用语言来表现。我们当中空虚饶舌的人已经足够多了！

考虑到文学作品应该只让孩子们的发展中的情感得到满足，选择合适的作品是非常非常难的。如果不算由人民的教育天才创造的民间故事和少量民歌，我们的文学作品里适合儿童读的作品并没有多少，比如柯尔卓夫的少许诗作、克雷洛夫和季米特里耶夫的极少部分的寓言，还有普希金、波隆斯善、阿克沙科夫、达利、迈依科夫等的某些作品，这差不多就是可供儿童学习的作品的全部了。同时，还有一些含义深刻的作品，完全没有儿童的思想和感情，不过教师可以对这样的作品加以利用，将注意力集中在它的外在形式上，比如克雷洛夫的某些寓言在讽刺社会关系上使人咋舌，而给孩子们讲这些还为时尚早，不过这些寓言同时却又是介绍动物生活的典型故事。教师应该讲的就是这些寓言的动物故事外形，这就是应该将差不多所有克雷洛夫的寓言中的有寓教意义的结尾部分去掉的原因。再比如，也可以给孩子们读涅克拉索夫的诗，比如

《一条未收割的耕地》等作品。但是，无论怎样都不要向儿童的心灵输入那些呻吟和号泣，因为如果它们是严肃的，那么对孩子们而言就为时过早，而如果它们已经成为一种愚蠢的习气和空洞的没有得到心灵反响的漂亮话，那么它们还是令人极其厌恶的。

诗中表露的感情越美好，就越让人觉得可惜：太早的盲目模仿破坏了培育这种感情的可能性。人的心灵的特征就是这样：习惯了语句，但却不对语句动情。难道我们见过的那样的人还少吗？这种人的脸上流露着崇高的蔑视，谈吐中彰显出拜伦式的愤怒，而实际上却是一肚子的男盗女娼。

我以上说的关于过早和生硬地激起感情的一番话，对道德问题也是适用的。如果您打算让孩子成为一个恶棍，那么您从小就教他重复各种各样的道德格言，到最后这些道德格言就不会再对他有任何的作用了。但这样说的意思不是祖国语文教师还有所有别的教师从此就可以对孩子的道德感情的发展漠不关心了。学校和教学中的所有事情，都应该是符合道德要求的，这都应是不言自明的，用不着说教。如果教师要讲某种道德品质，那也只是为了语文教育而服务的：比如是在解释一些词，如自豪、谦逊等的意义。要让文学作品本身对孩子的道德情感产生直接的影响，而文学作品对道德的影响是非常大的，那种可以让儿童热爱有道德的行为、感情以及作品中反映的有道德思想的文学作品，是符合道德要求的作品。干巴巴的说教不仅于事无补，相反，它只会对教育事业有害。

三

掌握语法，是初级阶段祖国语文教学要达到的第三个目的。从前，掌握语法曾是首要的目的，也是唯一的目的，现在呢，它又是常常被忘却的那个目的。这两种做法都是有坏处的：只钻研语法并不能发展孩子的语言能力，而不学语法又会让语言能力不具有自觉性，让孩子的境地不稳。只靠熟练技巧和较强的语言本能是不可以的，但是只知道语法而没有熟练技巧以及出色的语言能力一样是行不通的。所以，两者都是必不可少的。那么，哪一样应该先行呢：是熟练技巧，还是语法？语言的历史将这个问题解决。无论在什么地方，语法都只是观察已经形成的语言后得出的结论。在教学中也应该是一样的道理：任何一条语法规则，都应该是在使用孩子们已掌握的形式中得出的结论。那么，什么时候来下这样的结论呢？解决这个问题只能靠实践：教师应该了解自己班级的智力水平，他应该感觉到什么时候孩子们不需死记硬背，就能明确地将某条语法规则掌握，因为死记硬背语法和死记硬背逻辑和算术一样，是一种十分愚蠢的做法。不过教师在和孩子们进行口头交谈、阅读还有书面练习时，应该考虑到以后要一点点教授给孩子们的那些语法规则，并做到让每条规则都是源自许多练习中得出的必需的逻辑结论。

我们已经说过，语言的语法是语言的逻辑，所以逻辑的练习是研究语法最好的准备。为了这种语法学习的准备工作应该怎样进行解释得更清楚，我们将它分成两个自然的部分来讲，对句法学习的准备，还有对词法学习的准备，换言之，分成对理解句子还有长句结构的准备，和对一些词的词义还有结构的理解的准备。

教师用一些逻辑练习（我们在前面已经说过这一点）和分析书面练习的方法来为孩子理解句子和综合的结构做准备，为他去学习句法做准备。举个例子，通过提问的方法来对一个选定的句子进行解释：句中说的是谁？说的是什么？句子说到的对象正在做什么？他做这件事情是在什么时候？用什么做的？在什么样的环境里做的？对象的外形什么样的？是什么颜色？这里的对象是一个还是两个？他做的是一件事，还是同时也在做着一些其他什么事？等等。当然，比如"对象""环境"这些词，应该由取自所分析的句子内容的一些更具体的词来代替，用上面的例子说，句中提到的是谁？是夜莺。夜莺做了什么？夜莺飞了。它飞到什么地方去了？等等。要让孩子们学会自己提出类似的问题，这样做也是好处多多的。不管怎样，不要让孩子们习惯于写错。如果碰上这种情况，即还无法跟孩子们解释清楚打上这样一个符号的原因，那么就应该先打上符号，同时跟他们说明：应该是这样的，至于为什么这样，你们以后就会知道了。孩子们的本能可以捉摸到很多东西，学会怎样打符号，虽然他们并不能够说明这样做的原因。这种半自觉的熟练技巧没有任何的害处，相反，还是有好处的。我们认为就一般的地方来扩展句子的做法是一种有好处的练习。对修辞学来说，这种练习是荒唐的，但从逻辑上准备让学生学习语法这个角度来看，它却有着自己的必要性。我们在国外的许多学校里见到过这种练习，它是非常生动的，而且还让孩子们觉得有趣。例如，教师在黑板上写了"跑"这个词，然后要求孩子们想出一个词来说明是谁在跑，于是一个学生说：女孩子；第二个学生说：马；第三个学生说：狗。教师从这些回答中选择一个最符合他的目的的词，然后自己将这个词写（或者让一个学生写）在黑板上，然后又继续提问：狗在什么地方跑？一个学生说：在街上；第二个学生说：在树林里，等等。老师又选了一个词，继续写在黑板上……就这样，一个扩展了的简单句就出现了。接下来教师继续用这种方法将一个新的主语引入这个句子当中，这个新主语要求改变谓语和修饰词的词尾，而孩子们自己就会察觉这种词尾改变的必要性。然后学生们在教师的指导下，再继续引入新的谓语、新的修饰语等。用一样的方法将一些新的词引进句子，然后再又引出副句。接下去教师就某一行为的原因、目的和手段等进行解释。这里不用详细地说，我在这里只是简要地描述了整整一串连贯的练习，而不是要在一节课的时间里做的一个练习。在做这种练习的时候，各种符号的用法、一个句子中各个部分的作用，还有句子与句子间的相互联系也就很自然地解释清楚了，在进行这些练习时，可以按照可行性，一点点地教给孩子们一些语法规则。

与此同时，也应该为词法的学习而做准备，让孩子们了解各种品词并没有什么困难，特别是在我们作了上面说的各种语言练习之后，孩子们马上就会明白，事物的名称是什么？事物的性质是什么？行为的名称是什么？等等。孩子们不好掌握的，是各种不变品词间的区别，但是在句中出现的前置词和连接词会很快就将它们的真正含义显露出来。

至于词尾的变化、格和位的变化等的学习，在我们看来，下述练习是一种不错的方法：孩子们讲述某一件事情发生时，用的是动词的现在时形式，教师要他们用过去时形式再将这件事重讲一遍。比如您出的题是"简短地描写春天"，学生就能够进行三种练习：分别描写今年的、去年的还有明年的春天。也可以用一样的方法，将故事的讲述者从第一人称的视角变成为第三人称的，从单数变成复数，等等。

对于词法而言，特别是对于正字法而言，构词有着特殊的意义。孩子们对构词非常感兴趣，认为它好像是一种词的游戏。教师提出某个词，然后又说出，或者在黑板上写上几个和这个词词根相同的词，并重复这样的练习几次，于是孩子们虽然还是不了解词根和同根词是什么，但是他们会本能地学做这样的练习，并挑选出和教师给的词根相同的词，最初的时候会挑得很慢，选出一到两个同根词，后来速度就会快了，而且全班级通常差不多能够将所有的同根词都找出来。这种练习不仅可以让孩子们能够支配那个无意识地贮存在他们记忆中的词汇量，而且这是正字法学习的一种最好的准备性练习。

我们的学校里通常使用的那种所谓的语法分析，是一种非常好的练习，但是连着几年都用这同一种练习，会让孩子们感到无法忍受的枯燥，因此我们建议，这种练习方法不要经常使用，只是在孩子们复习已经掌握的语法知识，并将它们归纳成和所分析的片段相适应的新体系时使用。对于发展和强化智能来说，这种将已经获得的知识混合起来的做法是非常好的。

语法分析应该一点点地复杂起来。我们举个例子来说，一个学生已经知道什么是名词，然后在他读过的一段课文中找出所有的名词，接下来找出形容词，然后再找出过去时形式的动词，等等，最后一词又一词地、一句又一句地进行词法和句法的分析。不过这种分析练习不宜做太长的时间。以前在我们的学校里，现在在法国的学校里，不管走到哪间教室，总会看见在分析又分析。我们可以毫不犹豫地下一个结论，这是偷懒的教师们才喜欢的一种作业形式，因为没有什么比这种做法更舒适的了：让一个又一个的学生去对碰巧翻开的一页课文进行分析，不光是口头的分析，还要进行书面的分析，做起来真是再舒服不过的了。但是对学生而言，这是一种多么枯燥乏味的、多么无益的游戏！做书面语法分析没有任何的用处，我们建议这种做法可以完全排除了，用其他的、对学生来说更有意义和更有趣味的书面练习取代。否则，一连多少年都是抄写没完没了的"房子是普通名词，是阳性，是单数"等东西，能有什么益处呢？

在本文中我们不去详谈很多练习本身的细节，这件事我们交给实践家们去做。我们确信，除了我们列举的这些练习方法外，还能够找到很多别的方法。我们所列举的不过是一些在俄国和外国学校使用的、我们尤为喜欢而且已经尝到一些甜头的练习方法。

是否需要系统地学习语法？在我们看来，这种学习是必要的，或者说起码是非常有益的。对每一个学生而言都是如此，而对那些将来要从事科学研究，或自己将要去教别人学习的学生而言，则是必不可少的。学生掌握了大量的词汇、形式和运用它们的高度熟练技巧，在学习语法时，能够将这一切归成一个体系。这是有好处的，因为它可以让孩子的自觉性得到发展，让他已获得的知识得到巩固，一方面教会孩子对像词这样的精神对象进行观察，另一方面又让他习惯了逻辑体系，习惯了这个最早的科学体系，在我国，有许多人教学中的各种科学体系是矛盾的。当然，如果这体系比对象出现得早，那么它就是不适合孩子们的；然而如果体系是学习了一类对象后得出的结果，那么它就是十分有益的。当然，只有合理的源自对象本质的体系才让我们可以彻底支配我们的知识。一个塞满了种种片段状的、没有联系的知识的头脑，就如同一个这样的贮藏室，里面的一切都是乱七八糟的，即便是主人自己也什么都找不到；然而一个只有体系而缺乏知识的头脑则如同这样一个小铺子，里面的每个货架上都写好了物品的名称，但其实架子上却是空空如也。

真正的教育学要避免这两种极端，它首先要为学生提供材料，而随着材料的日积月累，又将材料归纳成体系。积累的材料越多，样式越多，体系就会越系统，最终实现逻辑的和哲学的抽象。当然，各门课程的老师都参与到了让学生的头脑中形成这种世界观的工作，不过我们认为，要让孩子们获得的知识综合在一起，并让其形成一个严整的、符合逻辑的体系，还应该是教授俄罗斯语言和文学的教师的肩膀来承担这个责任，因为祖国语言恰好是这样一种精神服装，各种知识要成为人类意识的真正的财富的话，它都要先穿上祖国语言这种精神服装。